LA PÊCHE À LA
MOUCHE

Couverture

- Maquette
  MICHEL BÉRARD
- Photographie:
  FRANÇOIS DUMOUCHEL

Maquette intérieure

- Conception graphique et illustrations:
  MICHEL BÉRARD
- Photographies
  JEAN-MARIE LAURENCE

DISTRIBUTEURS EXCLUSIFS:

- Pour le Canada
  AGENCE DE DISTRIBUTION POPULAIRE INC.,*
  955, rue Amherst, Montréal H2L 3K4, (514/523-1182)
  *Filiale du groupe Sogides Ltée

- Pour l'Europe (Belgique, France, Portugal, Suisse,
  Yougoslavie et pays de l'Est)
  OYEZ S.A. Muntstraat, 10 — 3000 Louvain, Belgique
  tél.: 016/220421 (3 lignes)

- Ventes aux libraires
  PARIS: 4 rue de Fleurus; tél.: 548 40 92
  BRUXELLES: 21, rue Defacqz; tél.: 538 69 73

- Pour tout autre pays
  DÉPARTEMENT INTERNATIONAL HACHETTE
  79, boul. Saint-Germain, Paris 6e, France; tél.: 325 22 11

Serge Marleau

LA PÊCHE À LA
MOUCHE

LES ÉDITIONS DE L'HOMME *

CANADA: 955, rue Amherst, Montréal H2L 3K4
EUROPE: 21, rue Defacqz — 1050 Bruxelles, Belgique

* Filiale du groupe Sogides Ltée

Bibliothèque nationale du Québec
Dépôt légal — 1er trimestre 1978

ISBN 0-7759-0580-1

Préface

L'auteur est un perfectionniste. Il faut l'avoir vu moucher, l'avoir vu monter ses propres mouches, pour comprendre comment il a atteint cette parfaite imitation dans ses fabrications et l'excellence qu'il recherche toujours lorsqu'il pratique ce sport.

Ecrire un livre sur la pêche à la mouche semble peut-être facile; mais écrire un livre aussi bien sur l'équipement, la technique, les notions de base et le montage des mouches est beaucoup plus difficile, car la pêche à la mouche est un art et il le devient d'autant plus pour celui qui fabrique lui-même ses mouches.

Pendant de nombreuses années, lors de ses voyages, l'auteur a pris des notes sur les poissons, leurs habitudes et le contenu de leur estomac. Grâce à ses notes, et surtout à son amour pour la pêche, il nous livre aujourd'hui ses secrets. Ces derniers seront bénéfiques pour tous ceux qui, non seulement veulent bien apprendre à moucher, mais aussi à fabriquer leurs mouches.

"Vous pouvez constater vous-mêmes que rien n'est compliqué: le tout est de placer les éléments adéquatement, de couper là où il faut, sagement, de flatter dans le sens du poil, amoureusement, de fixer solidement! C'est tout simple quoi! Il ne vous reste plus qu'à essayer vous-mêmes."

Je ne peux m'empêcher de tirer cette citation d'un film que Serge Marleau nous a aidés à tourner *("Poil à l'hameçon")*.

Sincères félicitations à l'auteur pour ce magnifique travail. Nous osons croire que tout pêcheur à la mouche digne de ce nom puisera dans ce qui suit une mine de renseignements.

Roger Fortier
Chroniqueur à la télévision
Membre de l'A.J.P.A.
(Association des journalistes de
       plein air)
Membre de l'O.W.A.A.
(Outdoor Writers Ass. of America Inc.)
Membre de l'O.W.C.
(Outdoor Writers of Canada)

Introduction

Le jour où je décidai de m'adonner à la pêche à la mouche, j'étais loin d'imaginer toutes les découvertes et les expériences que cette nouvelle technique me réservait. Jusqu'alors je n'avais pratiqué que le lancer léger et ce n'est qu'à la pratique que j'ai pu me rendre compte de la différence entre ces deux types de pêche.

La partie de pêche qui fut décisive pour moi demeure encore fraîche à ma mémoire. Nous étions, trois amis et moi, partis à la recherche d'un lac dont on disait beaucoup de bien, tant pour la grosseur des *mouchetées qu'on y capturait, que pour la beauté tout à fait exceptionnelle de son environnement. L'endroit se révéla très difficile d'accès, mais le paysage nous fit rapidement oublier tous nos tracas. Le ruisseau que nous rencontrâmes d'abord paraissait de bon augure. Chaque tourbillon s'achevait dans une fosse, qui, nous semblait-il, devait chacher une truite énorme, à l'affût d'une proie. Le lac même était un endroit de rêve. Nous ne nous attendions nullement à trouver âme qui vive dans un lieu aussi éloigné et qui

---

* Le lecteur trouvera à la fin du volume un lexique dans lequel sont définis les mots précédés d'un astérique.

paraissait à l'abri de toute civilisation. Pourtant, nous nous retrouvâmes en compagnie de deux autres amants de la nature, qui pratiquaient justement l'art du lancer à la mouche. De la façon dont leurs *soies* tombaient à la surface de l'eau, j'aurais pu parier que toutes les truites affolées nous rendraient visite incessamment. Mais il n'en fut rien. Capture après capture, nos pêcheurs à la mouche ne cessaient d'emplir leur panier tandis que nous nous contentions de leur jeter un regard discret à l'occasion, tout en maugréant sur notre mauvais sort.

Lorsque ces messieurs s'approchèrent de nous, arborant un air fier et conquérant, nous pûmes observer toute une collection d'énormes mouchetées pesant aisément entre deux et quatre livres. Dire que nous étions quatre et que notre résultat se limitait à un seul petit poisson...

Au retour de cette aventure, une seule idée me trottait dans la tête: troquer tout mon attirail contre un équipement de pêche à la mouche. Inutile de dire que la transition n'a pas tardé. Les notions de base que me prodigua un vieil initié me permirent d'apprendre la théorie de la pêche à la mouche, méthode qui ne cessait de m'emballer. Dire qu'il m'a été facile de posséder une technique acceptable en peu de temps serait mentir. Seuls la constance et le désir de s'améliorer permettent d'accomplir de véritables progrès.

Aujourd'hui, je n'oserais prétendre être un expert dans le domaine de la pêche à la mouche, mais j'espère que ce livre basé sur l'expérience de quatorze années de pêche assidue saura vous éclairer, tant sur l'achat de l'attirail et la fabrication de mouches artificielles, que sur la technique de ce type de pêche. Il tend surtout à démontrer qu'il est possible de capturer différentes variétés de poissons — truite, achigan, brochet, saumon — avec un nombre assez restreint de mouches artificielles et que les équipements de luxe ne sont pas une condition de succès.

Chapitre 1

Equipement pour la pêche à la mouche

1 — La canne

La canne est la pièce de base de votre équipement et ne doit pas être choisie à la légère. Il ne faut surtout pas vous imaginer que plus son prix sera élevé, plus vos succès seront assurés.

Aujourd'hui, trois matériaux différents servent à la confection d'une canne à moucher: la fibre de verre, le bambou et le graphite. Bien que la qualité de ces deux derniers soit légèrement supérieure, je conseille sans réserve la canne de fibre de verre. Elle est assez légère et son prix est de beaucoup inférieur aux cannes des deux autres matériaux. Et si vous décidez un jour que vous n'aimez pas ce genre de pêche, il vous sera alors moins pénible de mettre de côté une canne de $30 ou $40 plutôt que de $175 ou $275, montants que vous auriez payés pour une canne de bambou ou de graphite. Le fait que je pêche avec une canne peu coûteuse ne m'a jamais empêché de prendre du poisson.

Le tableau ci-dessous vous aidera à faire votre choix selon vos besoins et vos exigences, d'après le genre de pêche que vous voulez pratiquer.

type de pêche	genre de canne	longueur	poids
pêche de ruisseau	courte	6 à 7½ pi 1,8 à 2,3 m	2 à 3 oz 55 à 85 g
pêche de rivière et de lac	longue	7½ à 8½ pi 2,3 à 2,5 m	3 à 4 oz 85 à 115 g
pêche au saumon et au brochet	longue et robuste	8 à 9½ pi 2,4 à 2,9 m	3 à 4½ oz 85 à 128 g

Si vous pêchez dans les petites rivières ou les ruisseaux, une canne courte et légère vous permettra d'abord d'éviter les nombreux obstacles et sera également plus facile à manier.

Pour le débutant, il serait impensable de vouloir maîtriser un énorme brochet ou encore un saumon de grande taille à l'aide d'une canne fragile car son inexpérience ne ferait qu'augmenter les risques qu'elle se brise.

Nous passerons maintenant en revue les qualités que toute bonne canne devrait posséder.

a) La flexibilité

La flexibilité joue un très grand rôle lors du maniement d'une canne. Si cette dernière était rigide ou encore trop molle, vous vous épuiseriez très vite à la manier et la projection de votre soie en serait compromise. Il vous faudra donc mettre la canne à épreuve en magasin lors de l'achat.

En saisissant une canne par sa poignée de liège et en la secouant uniquement à l'aide du poignet, on peut constater la différence d'un modèle à l'autre. Lorsque vous projetez la canne vers l'avant, l'action de retour doit s'effectuer assez rapidement. La solution idéale serait de trouver un vendeur compétent qui pourrait vous guider dans votre choix, mais ce n'est malheureusement pas toujours le cas.

b) La légèreté

Tout pêcheur à la mouche expérimenté sait qu'il obtiendra toujours plus grande satisfaction avec une canne très légère. Ce type de canne demande évidemment un plus grand contrôle ainsi que de la patience, mais ça en vaut le coup. Recherchez donc toujours une canne des plus légères.

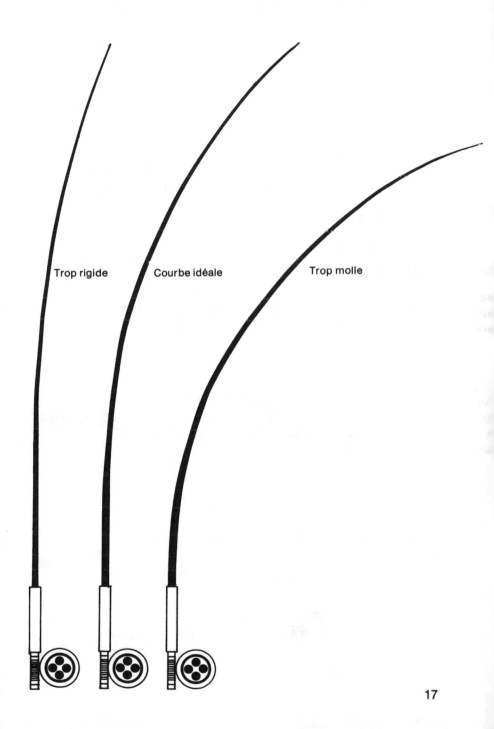

Trop rigide

Courbe idéale

Trop molle

c) Le sectionnement

Bien qu'en principe la canne idéale serait composée d'un seul morceau, car l'action serait répartie sur tout le corps de la canne, il est préférable en fait qu'elle soit faite de deux sections, parce qu'il est plus facile de la transporter en auto ou en forêt. Il existe également des cannes ayant trois sections et plus, mais leur poids plus élevé les rend peu recommandables.

d) La poignée moulée

Peu de gens semblent attacher de l'importance à la poignée de liège d'une canne à moucher. Pourtant, nombreux sont les pêcheurs qui ressentent des douleurs à la main à cause d'une poignée qui s'adapte mal. Je préfère le type de poignée possédant un léger galbe et qui se moule à la main à celui qui est de forme cylindrique parfaite.

Genre de poignée à déconseiller

Poignée idéale

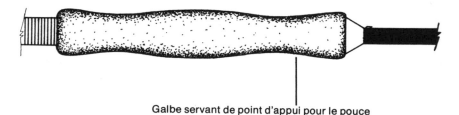

Galbe servant de point d'appui pour le pouce

e) L'indication du numéro de soie

Chaque canne devrait posséder un numéro indiquant la soie à utiliser à la suite de la poignée. Si vous ne vous conformiez pas à cette indication, votre lancer en serait affecté et vous auriez de la difficulté à projeter votre soie.

f) La mention de la pesanteur

Tout bon fabricant indique la pesanteur exacte de la canne. Cela devrait faciliter votre choix puisque vous savez déjà que plus elle sera légère plus vous aurez de satisfaction à l'utiliser.

Une fois que les critères de qualité mentionnés ci-dessus ont été vérifiés, vous devriez fixer votre choix sur la canne qui vous paraît la plus confortable dans la main. Elle doit vous aller comme un gant. Je me dois également de vous conseiller l'achat d'un étui genre tube pour remiser votre canne. C'est la seule façon de bien la protéger.

2 — Les soies

Les soies, ou fils à moucher, doivent autant retenir votre attention que la canne, sinon plus. Rien n'est plus embêtant en effet que d'essayer de faire flotter une mouche sèche à l'aide d'une soie de seconde qualité. Ne lésinez jamais sur le prix à payer car le rendement de la soie vous fera oublier ce qu'elle aura coûté.

Personnellement, je n'utilise que trois différents types de soie:

a) la soie flottante, aux deux extrémités en forme de fuseau, est utilisée pour la pêche en surface, c'est-à-dire avec des *mouches sèches.* L'avantage de cette soie réside dans le fait qu'on peut la changer d'extrémité une fois la saison terminée pour se servir de l'autre la saison suivante. Son prix varie généralement entre $15 et $30 la corde.

b) la *soie calante* à forme unie *(level)* est employée pour la pêche avec *mouche noyée.* Vous pouvez vous la procurer pour environ $6;

c) la soie calante à action rapide est une corde plombée qui permet de ratisser le fond des lacs et des rivières à l'aide de *nymphes.* Vous devriez payer approximativement $15;

N.B. N'oubliez surtout pas de vous procurer les soies indiquées et recommandées pour votre canne car un mauvais choix affecterait gravement votre lancer.

Il existe plusieurs façons de relier votre soie aux *bas de lignes,* mais, après les avoir toutes mises à l'épreuve, j'en suis venu à n'en recommander qu'une seule: il s'agit de faire une boucle de petite taille à l'extrémité de votre soie. Sa résistance n'a pas son égal: les preuves sont concluantes. Encore là, il est vraiment très décevant de briser un bas de ligne et de perdre une prise de belle taille à cause d'une attache peu sûre.

Voici la façon de procéder pour fabriquer une boucle à l'extrémité de votre soie dans le but d'attacher vos bas de ligne.

1) Coupe de l'intérieur d'une corde.

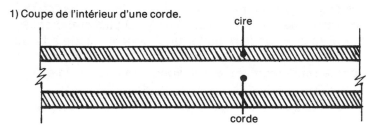

2) Enlevez la cire en prenant bien soin de ne pas couper la corde située à l'intérieur de la soie, comme ci-dessous.

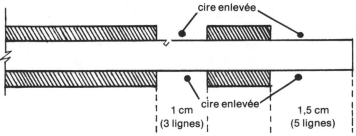

3) Repliez de manière à ce que les deux sections de la corde dénudée se joignent et attachez à l'aide de votre fil d'attache (voir chapitre 5). Déposez ensuite une ou deux gouttes de colle que vous étendrez de façon uniforme.

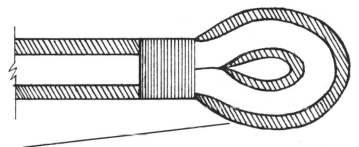

Partie qui doit être insérée dans l'étau afin de lier votre corde à l'aide du fil d'attache.

3 — Le moulinet

Au risque de me faire un tas d'ennemis, j'ose affirmer que le moulinet est en fait un outil de moindre importance. Son seul atout est d'être pratique. Pour moi, il ne sert vraiment qu'à embobiner la soie. Cependant, il existe dans la plupart des moulinets un nombre incalculable de vis qui se déferont à l'occasion. Il est donc à recommander de toujours avoir dans son coffre un tournevis afin de remédier à une situation qui pourrait s'avérer des plus fâcheuses.

Bien des pêcheurs sont portés à acheter un moulinet à cause d'une marque connue et je déplore cet état de choses. Que vous propulsiez votre soie à l'aide d'un moulinet de $50 ou de $7, la distance ne variera pas du tout. J'utilise depuis bientôt six ans un moulinet qui m'avait coûté à l'époque $4 et je m'en sers continuellement avec grande satisfaction. Il est d'une grande simplicité et c'est ce qui me plaît particulièrement. Gardez plutôt votre argent pour des pièces d'équipement plus importantes. Aujourd'hui, le prix moyen d'un moulinet se situe aux environs de $7 à $15.

Equilibrage

Il faut maintenant que votre canne soit bien balancée. Une fois que vous aurez temporairement installé la soie dans le moulinet, vous devrez tenir votre canne en plaçant l'index en dessous et à l'extrémité de la poignée, en direction des anneaux. A ce moment, votre canne devrait se tenir en position parfaitement horizontale (voir photo).

Vous devriez porter une attention toute particulière à cette opération car elle facilitera votre lancer et la fatigue se fera ressentir moins rapidement.

4 — Bobines de rechange

Si vous possédez différents types de soies, il vous sera très utile de vous procurer des *bobines de rechange qui puissent s'adapter à votre moulinet. Vous pourrez au moment de la pêche changer de soie à volonté et cela en très peu de temps. N'oubliez jamais qu'une éclosion d'insectes se produit de façon assez rapide et qu'il est à peu près impossible d'en prévoir la durée exacte.

5 — Le backing ou corde de recul

Les cordes à moucher mesurent en général trente verges (27,5 m) mais il est parfois indispensable de posséder un backing. On insère celui-ci sur le tambour du moulinet pour ensuite le relier à la soie. Quand vous pêcherez le brochet ou le saumon, vous comprendrez facilement son utilité, car il m'a été donné de voir comment certains saumons ont fait fi de trois cent quatre-vingt-dix pieds de ligne pour se défaire de leur emprise.

Voici la façon de réunir soie et backing.

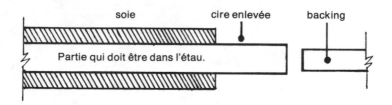

Reliez le backing à la soie à l'aide de votre fil d'attache et appliquez deux ou trois gouttes de colle que vous étendrez.

6 — L'avançon ou bas de ligne

Quand on parle d'avançon, il s'agit d'une corde de nylon qu'on attache à la soie et dont on utilise l'autre extrémité pour attacher les mouches. La longueur normale d'un bas de ligne varie entre neuf et douze pieds. S'il était plus court, on risquerait d'effrayer le poisson et de faire rater l'amorce.

On trouve dans la plupart des magasins des bas de ligne se terminant en fuseau. Personnellement, je ne les emploie que lorsque je pêche la truite brune, qui est plus difficile à duper, ou quand j'utilise de très petites *artificielles.* Autrement, je préfère les fabriquer moi-même, sachant le prix qu'on demande en échange. Le fil de nylon de pêche ordinaire peut très bien faire l'affaire. Tout bon sportif devrait employer un bas de ligne de 4 à 6 lb-test pour des prises allant jusqu'à 10 livres et de 8 à 12 lb-test pour des captures plus imposantes.

Noeud d'attache

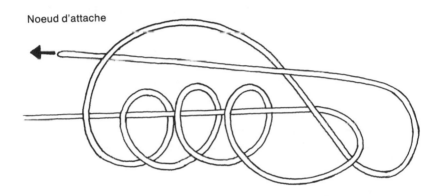

Voici un des noeuds les plus sûrs pour attacher vos mouches et relier vos bas de ligne à la soie.

7 — Autres pièces nécessaires

Voici une liste des pièces d'équipement supplémentaires qui pourraient s'avérer d'une très grande utilité et dont certaines sont indispensables.

a) Les cuissardes

Il existe deux différents types de cuissardes, soient celles qui s'arrêtent aux genoux et celles qui se terminent en dessous des bras. Les premières, qui sont plus courtes, sont évidemment moins lourdes et je les trouve idéales pour la pêche en ruisseau ou encore en rivière. Par contre, si vous pratiquez la chasse à la sauvagine dans les marais, procurez-vous plutôt les longues. Vous ferez ainsi d'une pierre deux coups. Les semelles devraient être antidérapantes afin d'éviter de glisser sur les fonds rocheux. Reste maintenant à déterminer quel prix vous devrez payer pour vos cuissardes; personnellement, je m'en suis déjà procuré de première et de seconde qualité et elles ont duré le même temps. Le caoutchouc n'est pas éternel, aussi vaut-il mieux payer moins cher à rendement égal. Leur prix devrait se situer aux environs de $17.

b) Le panier à poissons

Cet article de pêche vous permettra de conserver votre poisson plus longtemps. Ajoutez toujours du *lichen dans votre panier; celui-ci empêchera vos prises de chauffer au soleil. Il existe également des paniers avec attelage, qui facilitent le transport du poisson lorsqu'on pêche dans les rivières ou les ruisseaux.

c) La veste de pêche

Pour un moucheur, la veste de pêche n'a pas son égal. Le très grand nombre de pochettes permet d'y ranger pratiquement tout son attirail, soit le moulinet, les soies, les bobines de rechange, les avançons, les mouches ainsi que plusieurs autres menus articles. C'est vraiment précieux au point de vue transport.

d) Le silicone liquide

Pour redonner l'imperméabilité à vos mouches sèches, vous aurez besoin de silicone. Il est possible de se le procurer soit liquide soit en aérosol. Mais il faut faire très attention car plus vous l'achèterez en petite quantité plus il vous reviendra cher.

e) Le silicone en pâte

Si vous tenez à garder vos soies le plus longtemps possible, il vous faudra les nettoyer assez régulièrement. En appliquant du silicone en pâte sur votre soie flottante, vous lui redonnerez son imperméabilité. Il faudra procéder à cette opération à toutes les deux ou trois excursions au moins. De toute façon, toutes vos soies devraient être nettoyées régulièrement.

f) Le thermomètre à eau

Je considère cet outil comme étant très important. Comme chaque espèce de poisson privilégie une température d'eau en particulier, le thermomètre vous permettra de la localiser plus facilement, surtout pendant les périodes d'extrême chaleur en été.

g) Un coupe-ongle

Peu dispendieux, le coupe-ongle vous rendra pourtant de nombreux services. Attachez-y une corde de la longueur d'un collier afin de pouvoir vous le passer autour du cou. Il sera continuellement à la portée de votre main pour couper vos bas de ligne.

h) Le chasse-moustiques

i) La boîte à mouches

Il faut être très prudent lors du choix de la boîte à mouches qui abritera vos artificielles. Les mouches sèches exigent beaucoup d'espace et d'aération; une boîte trop petite écraserait vos *hackles et les ruinerait en peu de temps. Je déconseille aussi fortement les boîtes en métal, qui sont sujettes à la rouille.

j) L'épuisette

Au risque de me faire des ennemis, je ne peux conseiller de faire l'achat d'une épuisette, ne l'utilisant pas moi-même. Je trouve en effet qu'il est plus dans l'esprit du sport de sortir ses prises à main nue; je crois donner ainsi une chance à mon adversaire et je me sens sur un pied d'égalité.

8 — Les mouches

Quelle sorte de mouches se procurer? Voilà la question à laquelle le novice aura le plus de difficulté à répondre. Vous pourrez en acheter des dizaines de modèles tout aussi différents les uns que les autres, mais ce n'est qu'après avoir acquis de l'expérience que vous saurez établir votre choix. Quand je pense ne me servir que de dix à quinze mouches artificielles par saison, je peux mal concevoir que certains pêcheurs en possèdent une collection à n'en plus finir. N'achetez que celles dont vous aurez vraiment besoin, d'après la période de la saison à laquelle vous comptez aller à la pêche. Je préfère posséder trois ou même quatre copies des meilleures mouches que d'en avoir une grande variété de moyennes: imaginez qu'au beau milieu de l'eau vous perdiez celle qui vous a permis de faire quelques prises et que tout à coup vous n'en ayez plus d'autres.

Il existe des mouches fabriquées en série, mais elles sont trop souvent éphémères. Après avoir capturé un ou deux poissons, il arrive souvent qu'elles soient inutilisables par la suite. Il n'y a vraiment rien qui remplace un vrai monteur d'artificielles. Cependant, vous pouvez tout aussi bien avoir affaire à un type qui ne se soucie guère de la qualité de sa fabrication; c'est pourquoi j'ai décidé un jour de monter mes propres mouches. Et je dois dire que faire des captures avec ses propres artificielles est le summum de la satisfaction.

Vous verrez au chapitre de la fabrication des mouches celles que j'ai sélectionnées et pour quel genre de poisson je les utilise. Ce sont d'ailleurs les mouches les plus populaires dans la province de Québec.

9 — La mouche Saint-Sauveur

Il s'agit ici de la mouche à utiliser en dernier ressort, lorsque le poisson affecte une indifférence marquée envers votre sélection d'artificielles. La mouche Saint-Sauveur est en fait une mouche noyée ordinaire, à laquelle on ajoute un segment de ver de terre. Lancée au fond de l'eau et retirée très doucement, elle se montrera souvent d'un grand secours. Afin de ne pas perdre votre ver lorsque vous effectuerez le lancer, laissez le temps à la mouche de toucher la surface de l'eau avant de relancer à nouveau. Une fois que vous aurez atteint la distance désirée, laissez la mouche et le ver descendre au fond de l'eau et retirez environ un ou deux pieds toutes les deux minutes.

La technique de la pêche à la mouche

Une fois qu'on s'est procuré l'équipement de pêche à la mouche, il faut encore acquérir une certaine technique. Pour devenir un bon moucheur et apprendre quand même assez rapidement, vous devez toujours penser qu'il faut agir en gardant votre calme et votre sang-froid. Le débutant est souvent porté à exécuter son lancer trop rapidement ou à perdre patience en peu de temps. Il ne faut surtout pas s'imaginer qu'on deviendra un expert en quelques excursions même si certaines personnes arrivent à maîtriser cet art en relativement peu de temps; généralement, la persévérance et le désir de s'améliorer sans cesse font les bons moucheurs.

1 — La préparation

Il s'agit d'abord de réunir les deux sections de votre canne (A) en prenant bien soin de ne pas trop forcer la virole, c'est-à-dire de ne pas trop pousser au fond. Il faut ensuite que les anneaux de la canne soient tous bien alignés et égaux. Puis, posez le moulinet sur son siège et faites-le pénétrer dans les anneaux réservés à cette fin (B). Serrez ensuite le premier écrou solidement près du moulinet et répétez la même opération pour le deuxième. Assurez-vous que le tout est très solide et bien fixé. Sortez la soie du moulinet, passez-la à travers tous les anneaux de la canne et laissez-en dépasser environ six pieds au dehors (C). Installez ensuite un bas de ligne au bout de la soie ainsi qu'une mouche de votre choix à l'autre extrémité.

◁ **Brown Drake**
Brown Quill

Photo C

2 — Le lancer

Comme je le faisais remarquer au début, c'est la souplesse d'exécution qui fait toute la différence dans un lancer et qui détermine la façon dont la soie est projetée. La position du corps est alors d'une importance capitale et le mouvement des bras doit être exécuté méthodiquement.

Saisissez en premier lieu votre canne de la main droite, tout en la gardant en position parfaitement horizontale; votre bras doit alors rester collé près de vous (D). Ne prenez jamais la mauvaise habitude d'étendre le bras vers l'avant (voir photo E).

Saisissez maintenant votre soie à l'aide du pouce et de l'index de la main gauche, près du premier anneau de la canne (F). Le mouvement suivant, qui est le lancer proprement dit, doit être exécuté en comptant trois secondes.

1 — D'un mouvement coordonné, soulevez lentement la canne de la main droite tout en ramenant en même temps la main gauche qui retient la soie près de votre corps;

2 — D'un coup sec du poignet droit, projetez la canne vers l'arrière en faisant bien attention à ce que votre avant-bras ne dépasse pas votre épaule, autrement dit, que votre canne soit parallèle à votre corps; vous pouvez vérifier sa position en levant légèrement la tête;

3 — Une fois la soie bien tendue vers l'arrière, en position parfaitement horizontale, redonnez un autre coup de poignet, cette fois vers l'avant, tout en ramenant la canne à sa position de départ.

Pour lancer à une plus grande distance, sortez la soie du moulinet après avoir exécuté le dernier mouvement. Quand vous projetterez à nouveau la canne vers l'avant, laissez filer la soie entre vos doigts. Souvenez-vous alors que c'est toujours l'action du poignet qui propulse la soie et non pas celle du bras.

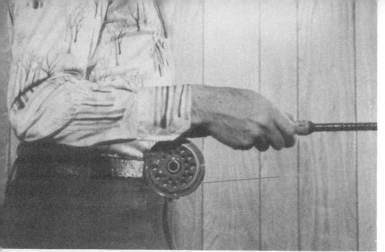

Photo D

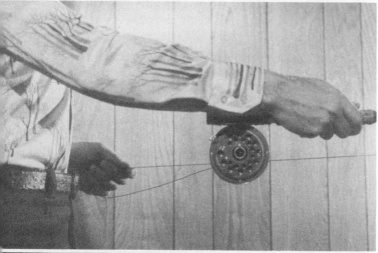

Photo E

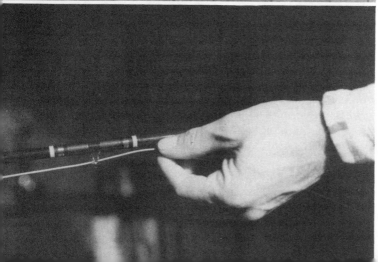

Photo F

3 — Le retour de la soie

Il y a deux façons de ramener la soie pour activer votre mouche. Bien que la première soit un peu plus difficile, elle imprime par contre un mouvement plus réaliste à l'insecte artificiel. Une fois votre lancé terminé, saisissez à nouveau la soie à l'aide du pouce et de l'index de la main gauche (G), et, à l'aide des trois autres doigts, allez chercher la soie par dessus (H) et repliez-les dans la paume. Repassez l'index en dessous de la soie (I) et ramenez-le aussi dans la paume de la main (J). En tenant toujours la soie qui s'est accumulée à l'aide du pouce et de l'index, dégagez les trois autres doigts (K). Ramenez à nouveau la soie et répétez continuellement cette opération en arrêtant parfois deux ou trois secondes (L), le temps que le poisson saisisse votre mouche. Lorsque vous effectuerez votre prochain lancer, vous n'aurez qu'à laisser filer la soie entre vos doigts, d'environ un ou deux pieds à la fois.

La deuxième façon de ramener votre soie consiste à retenir celle-ci à l'aide de l'index de la main droite et ce tout près de la canne (M). Il s'agit ensuite de la tirer de la main gauche en la laissant tomber tout simplement au sol. Cette méthode a toutefois le désavantage de laisser la soie s'emmêler assez fréquemment.

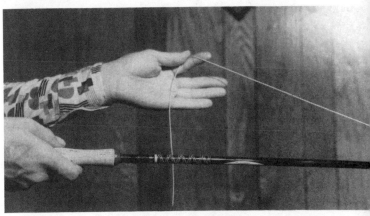

Photo G

37

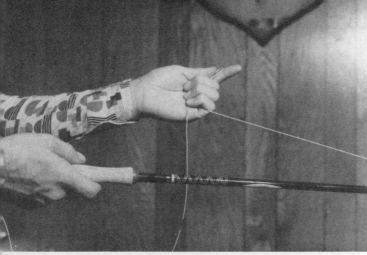

Photo H

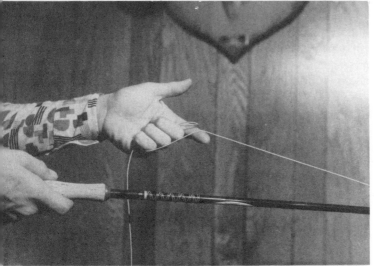

Photo I

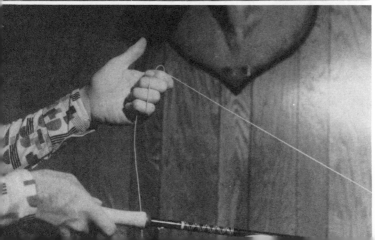

Photo J

Photo K

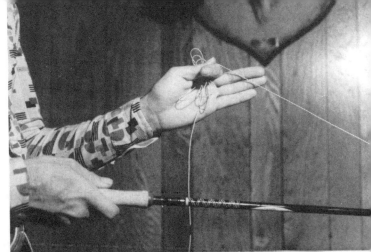

Photo L

Photo M

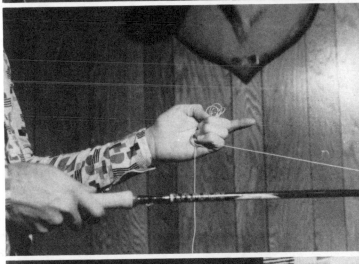

4 — Comment manipuler votre mouche

Bien que maîtriser son lancer soit d'une importance capitale, leurrer le poisson ne demande pas moins d'attention. Plus vous imprimerez une action naturelle à votre artificielle, plus vous capterez l'attention du poisson. Si vous utilisez une mouche sèche, il faudra, une fois le lancer terminé, le laisser reposer deux ou trois secondes à la surface de l'eau, puis la ramener de deux pieds environ et la laisser reposer à nouveau. Lorsque le poisson viendra se manifester à la surface de l'eau, vous présenterez votre artificielle au même endroit, aussi rapidement que possible et avec précision. Vous ramènerez ensuite votre mouche de un ou deux pieds et attendrez.

5 — Comment provoquer l'éclosion

Peu de pêcheurs à la mouche pratiquent cette méthode pourtant extrêmement efficace. Si le calme régnait sur la surface de l'eau pendant une bonne période de temps, vous pourriez alors provoquer une éclosion pour pousser le poisson à agir. Vous n'avez qu'à lancer votre mouche à différents endroits en faisant le tour de la chaloupe. Cela demande effectivement énormément de patience, mais cela vaut le coup de l'essayer. Il peut même arriver que vous ayez à effectuer vos lancers pendant une à trois heures; mais au moment où le poisson réagira, vous serez récompensé et satisfait. Les résultats qui sont parfois surprenants ne font qu'augmenter le plaisir qu'on en retire.

6 — La pêche à la traîne

Quand vous aurez de la difficulté à localiser le poisson et qu'il ne donnera aucun signe évident de sa présence, vous pourrez essayer la pêche à la traîne. Faites le tour du lac en laissant traîner votre mouche à l'arrière de la chaloupe jusqu'à ce que le poisson daigne se manifester. Si vous obtenez plusieurs *touches au même endroit, c'est que vous avez alors découvert l'emplacement idéal.

7 — Le ferrage du poisson

Pour le *ferrage du poisson,* une très bonne coordination de ses mouvements est absolument nécessaire si l'on ne veut pas avoir trop de difficultés. Ainsi, dès que vous aurez senti que le poisson se sera mis en contact avec votre artificielle, vous donnerez un léger coup sec du poignet, tout en levant graduellement votre canne vers le haut. Il faudra également que vous tendiez la soie de votre main gauche et ce au même moment. L'idéal pour vous faire la main serait un endroit privé de pisciculture où abondent les truites. Ce n'est peut-être pas très sportif, mais vous y maîtriseriez cette technique en peu de temps.

Ces quelques notions de base pourront vous aider à découvrir les techniques essentielles de la pêche à la mouche, mais il est quasi impossible d'apprendre cet art seulement en se documentant dans un livre. La meilleure solution serait d'aller à la pêche en compagnie d'un expert. Il pourrait vous initier plus facilement et corriger en même temps vos erreurs. Finalement, c'est toujours sur place qu'on apprend le mieux, c'est-à-dire lorsqu'on se trouve à l'oeuvre sur un lac, une rivière ou encore un ruisseau. Si vous aviez cette chance d'apprendre avec un vrai connaisseur, vous ne tarderiez sûrement pas à vous améliorer. Mais dites-vous bien, si un jour vous croyez tout savoir, qu'il y a encore place pour de l'expérience et des connaissances supplémentaires.

Chapitre 3

Quelques notions utiles

1 — La nourriture du poisson

Tout pêcheur à la mouche doit posséder des connaissances sur la nourriture de la faune aquatique. Etant donné que la pêche à l'omble de fontaine (truite mouchetée) compte de plus en plus d'adeptes, nous lui porterons une attention spéciale. Il est très important de savoir que son menu est varié et qu'il peut changer selon l'endroit et la période de la saison à laquelle vous le taquinerez.

Les vers, les crustacés et les petits ménés composent en partie son repas. Mais les insectes naturels obtiennent de loin sa faveur; j'irais même jusqu'à affirmer qu'ils occupent 80% de son menu. Voilà pourquoi le pêcheur à la mouche obtient autant de succès. Et parmi le nombre incalculable d'insectes dont se nourrit l'omble de fontaine, les éphémères demeurent ses préférés.

2 — Le cycle et la vie d'un éphémère

On prétend que les éphémères existent déjà depuis des millions d'années, soit depuis la fin de l'ère primaire. Nous allons en étudier les différentes phases puisque nous devons connaître toutes les caractéristiques de cet insecte.

a) L'insecte à l'état de larve

Les larves d'éphémères vivent dans la boue et se nourrissent en particulier de déchets organiques. Elles évoluent ainsi de six mois à deux ans, selon l'espèce, pour ensuite quitter leur enveloppe larvaire et passer au stade de sub-imago.

b) L'insecte à l'état de nymphe

Au stade de nymphe, des branchies apparaissent, l'insecte peut se mouvoir et vit sous l'eau.

c) L'insecte devenu sub-imago

La période durant laquelle l'insecte passe du stade nymphe à celui de sub-imago n'est que de courte durée. Comme la plupart des éphémères de son espèce craignant la prédation des oiseaux, tels la fauvette et l'hirondelle, l'*Hexagenia Limbata* attendra le moment propice, soit le coucher du soleil, avant d'éclore et d'émerger à la surface de l'eau. Les ailes, d'apparence foncée et opaque, ainsi que le corps, deviendront **hydrofuges* et lui permettront de demeurer en surface. Dès ce moment, il tentera de s'envoler, retombant souvent à une ou deux reprises à la suite de manoeuvres quelque peu maladroites, pour enfin s'envoler vers le lieu qui lui permettra sa prochaine transformation.

d) L'insecte imago

Lorsque l'insecte se posera au lieu qui lui paraît propice, il se transformera à nouveau pour atteindre le stade d'imago. De tous les insectes possédant déjà des ailes, il est le seul à muer de nouveau. Pendant cette période couvrant à peine une journée, il cherchera à se débarrasser de sa dernière enveloppe par de petites secousses répétées de tout le corps et qui semblent exiger de lui des efforts considérables. L'insecte imago devient alors adulte et apte à la reproduction. Les mâles arrivés à maturité se rassemblent alors au-dessus de l'eau et attendent que les femelles pénètrent leur essaim. Le mâle s'agrippe ensuite à la femelle par en dessous, grâce à ses longues pattes, et s'accouple à elle. A la suite de cette union, la femelle vient déposer ses oeufs à la surface de l'eau. Ces derniers tombent au fond, pour recommencer le cycle vital de la reproduction de l'espèce.

e) Mort de l'imago

Lorsque son travail de procréation est terminé, l'insecte

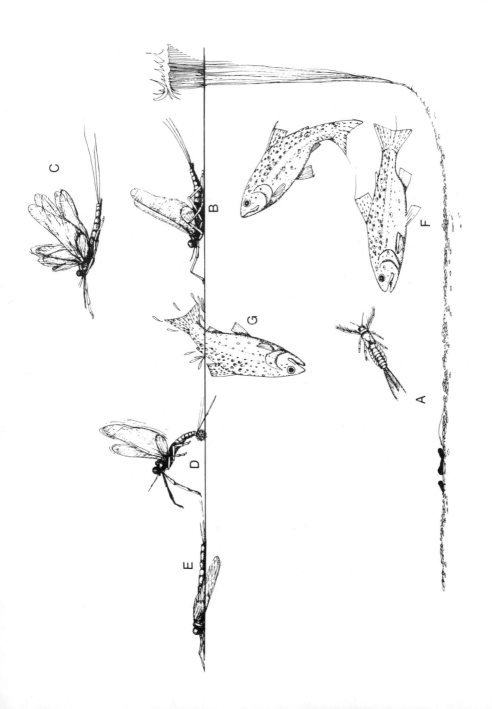

tombe à la surface de l'eau et meurt. On lui donne alors le nom de *Spent*.

Au moment où la truite saisit l'insecte à l'état de nymphe, vous n'apercevez aucune activité à la surface de l'eau. Pêchez alors en profondeur à l'aide d'une nymphe et d'une soie extra-calante (A). Quand seule la queue du poisson apparaît en surface (G), employez une mouche noyée et une soie calante. Lors de l'apparition de l'insecte sub-imago (B), utilisez une soie flottante ainsi qu'une mouche sèche.

Si vous voulez fabriquer vous-même vos propres artificielles, il serait bon que vous captuiez quelques-uns de ces insectes observés à la surface de l'eau. Il vous sera plus facile alors de faire vos imitations. Vous pouvez les capturer en employant une très petite épuisette et les déposer de préférence dans une boîte de carton. Vous aurez alors les couleurs ainsi que la grosseur réelles de l'insecte.

3 — L'étude du tube digestif

Pour ma part, je considère qu'il n'y a rien de plus intéressant que d'étudier le tube digestif d'un poisson. Son contenu nous indique ce que la truite a choisi comme menu du jour. Il suffit pour ce faire d'ouvrir la première prise de la journée avec délicatesse et d'en étudier l'intérieur. Vous apprendrez souvent le genre et la couleur de l'insecte convoité et vous n'aurez plus qu'à choisir parmi vos artificielles celle qui y correspond. Vous vous faciliterez ainsi la tâche. (voir photo couleur)

4 — Le carnet personnel de saison

Au cours de mes dix dernières années de pêche, j'ai pris la bonne habitude de noter dans un petit carnet tous les détails susceptibles de me venir en aide lors de mes futures excursions. Voilà pourquoi j'en suis venu à restreindre mon choix de mouches artificielles. Chaque fois que je pêchais dans un lac, une rivière ou un ruisseau, j'inscrivais les détails suivants: 1) le nom de l'endroit fréquenté; 2) la date de ma randonnée; 3) la température qu'il faisait cette journée-là; 4) la mouche avec laquelle j'ai obtenu du succès. Si je devais retourner au même endroit l'année suivante et à une date presque identique, je n'avais qu'à consulter mes notes pour savoir à quoi m'en tenir. Parmi toutes ces choses qu'il faut absolument savoir, il en est encore une d'une extrême importance: si le printemps est généralement plus hâtif à l'est de Montréal qu'au nord, il survient normalement plus tard sur la côte extrême nord. Pour la même période de l'année, on n'utilisera donc pas les mêmes mouches pour des endroits différents.

5 — L'observation de l'environnement

Nombreux sont les facteurs influençant le comportement du poisson. Savoir étudier un lac, une rivière ou un ruisseau ne pourra que vous être profitable. Examinons maintenant les habitudes et le comportement.

Observation de l'environnement

Alors qu'au printemps l'eau de surface est plutôt froide, l'omble de fontaine affectionne les profondeurs où la température de l'eau est plus élevée. C'est à ce moment-là que vous devez utiliser votre soie extra-calante afin de ratisser le fond du lac à l'aide d'une nymphe ou encore d'un streamer. En ce début de saison, vous pourrez remarquer assez souvent dans le contenu du tube digestif la présence de nombreux petits poissons; le streamer qui en est une imitation s'impose donc. Mes artificielles préférées à cette période de l'année sont la Mudler Minnow, la Mickey Finn et la Grey Ghost, pour ce qui est des streamers; j'utilise la Hornberg et la Grande Stone pour ce qui est des nymphes. Ce sont d'ailleurs des mouches sur lesquelles vous pouvez miser pratiquement durant toute l'année. C'est également le temps d'utiliser la mouche Saint-Sauveur qui donne d'assez bons résultats si on l'utilise en profondeur.

Lorsque les rayons bienfaiteurs du soleil font grimper la température de quelques degrés au mois de mai, la truite reprend graduellement ses activités. Comme elle préfère une eau qui se situe aux environs de 55° F (12,8° C), elle a tendance alors à s'approcher des rives, soit des eaux peu profondes. Recherchez dès ce moment les entrées de ruisseaux, les baies peu profondes, les abords d'une île ou encore la pointe d'un lac. Tous les arbres tombés à l'eau, qu'ils soient ou non immergés, attirent le poisson. N'hésitez pas à y présenter une de vos mouches. A cette période de l'année j'utilise surtout les mouches suivantes: la Mudler Minnow, la Hornberg ainsi que la Joliette Hopper.

Viennent ensuite le mois de juin et le début des éclosions des éphémères, qui se feront de plus en plus régulièrement. La naissance des mouches de mai, comme la *Leptophlebia Cupida* se produira en plein jour et en grande abondance. Cette variété d'éphémère est une des plus prolifiques dans les cours d'eau qui se situent au nord de Montréal. Je n'utilise vraiment à cette période de l'année que deux mouches différentes, soit la Brown Quill et la Brown Drake de type sec, bien que la Joliette Hopper et la Hornberg donnent encore d'assez bons résultats.

Pendant le reste du mois de juin, le comportement de la truite sera assez stable, sauf qu'elle commencera graduellement à retourner vers les profondeurs, à environ quinze pieds. Viennent ensuite les chaleurs accablantes et insupportables de l'été, qui auront pour effet de ralentir l'activité de la truite. Plusieurs pêcheurs d'expérience se limitent alors à ne taquiner le poisson que tôt le matin ainsi que vers la fin de la journée, lorsque naissent les grands éphémères au coucher du soleil. Recherchez dès ce moment les endroits peu profonds où vous trouverez herbes et nénuphars. Placez-vous

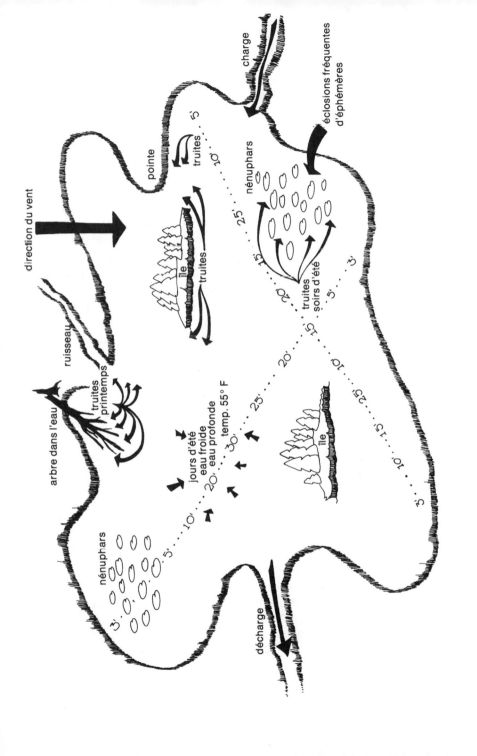

face à ceux-ci en prenant bien soin d'avoir le vent dans la figure car les insectes prennent leur envol le vent dans le dos. N'oubliez pas que la façon de manipuler votre mouche est très importante et que vos succès en dépendent. L'*Hexagenia Limbata,* la Joliette Hopper, la Hornberg ainsi que la Mickey Finn sont à ce moment de l'année mes mouches préférées. Si parfois vous désiriez pêcher durant le jour, il faudrait vous servir du thermomètre à eau. Essayer alors de trouver un endroit où la température de l'eau frise les 55° F (12,8° C) et pêchez surtout en eau profonde à l'aide de votre soie extra-calante ou encore de la mouche Saint-Sauveur. Jusqu'à la fin de la saison, il vous sera assez difficile d'atteindre votre nombre limite de captures, à moins d'être très patient.

La truite reprendra quelque peu ses activités lorsque l'eau deviendra à nouveau plus froide. Encore une fois, la Hornberg et la Mudler Minnow sont à nouveau mes mouches préférées.

6 — La température

Trop peu de pêcheurs attachent de l'importance à la température et ils font une grave erreur. Le vent est un facteur à surveiller car il peut déterminer à quel endroit se trouve le poisson. Le vent projette souvent les insectes des arbres et les truites les attendent alors sagement sur les rives, sachant fort bien tirer profit de la situation. Elles attendent aussi à l'occasion près d'une pointe ou vers la fin d'une île les insectes que le vent aura transportés.

Voilà ce que je considère être la journée idéale au point de vue température: tout d'abord, un ciel plutôt nuageux pour éviter que la truite ne voit les ombres et soit du même coup effrayée; il est préférable qu'il pleuve, mais très peu et à intervalles réguliers; que le vent vienne de l'ouest et soit d'une vélocité d'environ quinze milles à l'heure, pas plus. Si jamais je ne peux rencontrer ces conditions, j'aime mieux rester chez moi.

7 — Les tables solunaires

Il m'arrive assez souvent d'entendre parler des tables solunaires. Celles-ci indiquent les heures des marées et les phases de la lune. Je ne doute nullement de leur efficacité, mais on ne peut par contre affirmer qu'elles soient garanties à 100%. Toutefois, il serait bon de vous les procurer car il faut mettre toutes les chances de son côté. La lune et les marées ont de toute évidence de l'influence sur la vie aquatique.

8 — Rivières et ruisseaux

Qui ne se sent pas emballé à l'idée d'aller pêcher dans un ruisseau inconnu? Malheureusement aujourd'hui, il est de plus en plus rare de trouver un site peu achalandé. Mais s'il faut toujours aller de plus en plus loin en forêt, le plaisir en vaut bien la peine. Cependant, il faut aborder les environs avec calme car le poisson s'y effraie plus facilement. Ainsi, ne projetez jamais soudainement votre ombre à la surface de l'eau. Par ailleurs, apprendre à lire un ruisseau n'est pas tellement compliqué; votre instinct devrait vous amener graduellement à reconnaître les meilleurs endroits. Tout le monde sait par exemple qu'un obstacle coupant le courant laisse présager la présence de poisson. Les endroits calmes et profonds ne sont pas à dédaigner non plus. Personnellement, j'adore pêcher au pied d'une chute, non seulement à cause de l'abondance du poisson qu'on y trouve, mais aussi pour la beauté du paysage. Pour ce qui est des mouches à employer, vous devez utiliser des insectes plus petits. Une Mudler Minnow, montée sur hameçon numéro 10 court, fait très bien l'affaire. Encore là, ce sont toujours les mêmes mouches artificielles qui remportent de francs succès. La même méthode de pêche s'applique aux rivières, mais la truite y sera de plus belle taille. Il existe par contre des rivières qui nécessitent une méthode quelque peu différente et nous en parlerons un peu.

Il y a seulement quelques années, le ministère du Tourisme, de la Chasse et de la Pêche prit la décision d'ensemencer de truites les rapides de Lachine et le bassin de Chambly. Les brunes et les arcs-en-ciel ont su s'adapter assez bien à ces endroits et il est maintenant possible de faire des captures qui sont plus que respectables.

Tous les pêcheurs chevronnés qui fréquentent ces deux endroits savent bien qu'il est presque inutile d'y taquiner la truite avant la tombée du jour. Vous aurez plus de chances de capturer le poisson lorsqu'il commencera à s'approcher la nuit des rives. Mais le seul problème c'est qu'il faut pêcher dans le noir. Vous devez donc posséder une lampe de poche miniature pour changer de mouche; toutefois, une trop forte lumière effraie le poisson. Personnellement, j'aime mieux pêcher lorsqu'il y a un beau clair de lune. On peut voir sa mouche sèche à la surface de l'eau et observer tout mouvement de la part du poisson. Vu la grande force des courants à ces endroits, les qualités de flottaison de vos artificielles devront être de premier ordre. Par ailleurs, vaut mieux ne pas trop vous avancer au large car vous risqueriez gros: certains pêcheurs ont cette manie d'aller trop loin et d'effrayer ainsi le poisson.

La série de mouches que je préfère pour ces endroits est celle des Wulf. Elles ont le don d'attirer ces énormes arcs-en-ciel et ces truites qui font osciller la balance de quatre à six livres. Lorsque vous effectuerez votre lancer, faites face à la rivière. Laissez ensuite votre mouche descendre le courant et ramenez-la par la suite. Changez la distance à chaque lancer. Armez-vous de patience et bon courage.

Comme plusieurs pêcheurs de mon espèce, il m'est arrivé un jour de caresser l'idée de fabriquer mes propres artificielles. Quelle joie de capturer du poisson avec des mouches à moi. Si vous avez la patience de les monter, cela en vaut vraiment le coup.

Personnellement, j'ai eu la chance d'apprendre ce métier grâce à l'aide d'un ami vraiment connaisseur en ce domaine, monsieur John Cuco. Malheureusement, trop peu d'experts sont disponibles pour initier les pêcheurs à ce qui pourrait devenir pour eux un passe-temps des plus captivants.

Chapitre 4

Equipement pour la fabrication des mouches

Il existe plusieurs endroits où vous pourrez vous procurer tout le matériel dont vous aurez besoin et les prix peuvent varier considérablement d'un endroit à l'autre. Ne vous lancez donc pas à l'assaut du premier fournisseur à qui vous rendrez visite et prenez tout le temps nécessaire lors de vos achats.

1 — Outils nécessaires

a) L'étau

Un menuisier travaillant avec un mauvais marteau peut facilement se comparer à un monteur de mouches qui posséderait un étau de seconde qualité. Cet outil doit en effet être de premier ordre. Il doit pouvoir se fixer dans toutes les positions, soit de gauche à droite et de haut en bas, et le levier servant à emprisonner l'hameçon dans les machoires devrait ne fonctionner que lorsqu'on l'abaisse. Le modèle qu'on peut voir sur la photo coûte environ $25 et est un des plus pratiques.

b) Le porte-bobines

Cet instrument sert à retenir les bobines de soie et à distribuer le fil qui sert à attacher les mouches. Je le considère comme tout à fait indispensable. Prix: $5 ou $6.

c) Les ciseaux

Généralement, je préfère travailler avec des ciseaux à bouts recourbés plutôt que droits. Vous devriez débourser approximativement de $5 à $6.

d) La pince à hackle

Voici un autre article indispensable pour la confection de vos artificielles. Je préfère de loin le modèle en acier inoxydable car il résiste très longtemps. Prix: environ $2 ou $3.

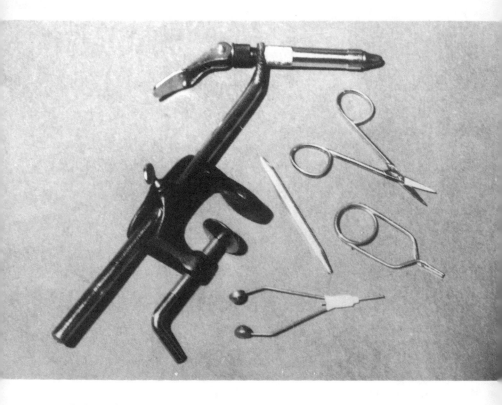

e) Le tube d'attache

Pour finir le noeud qui termine les mouches, il existe différents types d'outils. Le tube de métal se révèle très pratique, étant facile à opérer et assez peu dispendieux. Prix: $2.

f) Le poinçon

On ne se sert de cet outil que pour appliquer le ciment servant à sceller la tête des mouches. Il n'est pas absolument nécessaire car une épingle à couture peut aussi bien faire l'affaire. Prix: environ $2.

2 — Le matériel

Il existe un nombre incalculable de matériaux qui peuvent servir à la fabrication d'une mouche. Si vous allez à la chasse, il vous sera fort utile de conserver les peaux du gibier abattu car vous pourrez pratiquement toutes les employer. Le chevreuil, le caribou, l'orignal, l'ours, le canard malard mâle, et j'en passe, vous feront épargner de petites fortunes car on demande souvent fort cher en échange d'un petit morceau de peau.

a) Les hameçons

Les hameçons sont essentiels dans la fabrication des mouches et il est très important d'en connaître toutes les parties avant d'en arriver au montage. Passons en revue les différents termes employés pour chacune de leurs parties.

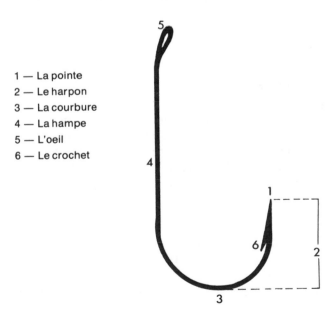

1 — La pointe
2 — Le harpon
3 — La courbure
4 — La hampe
5 — L'oeil
6 — Le crochet

On détermine la grosseur d'un hameçon par un numéro. Plus ce dernier est élevé, plus l'hameçon est petit. La longueur de la hampe peut également varier. Deux *X* signifient plus court que quatre *X*. Chaque boîte d'hameçons porte en outre un numéro de série et je me servirai de ce dernier pour vous indiquer le genre d'hameçon à employer pour la fabrication de chaque mouche.

b) Le ciment

Il sert à finir la tête des mouches et empêche ainsi les noeuds de se défaire. Deux types principaux sont employés: le noir et l'incolore.

c) La teinture

On l'utilise pour teindre des plumes ou du poil de chevreuil. Personnellement, j'utilise la teinture dont on se sert pour le linge.

d) Le hackle

Il est très difficile aujourd'hui de trouver un hackle de bonne qualité. Je n'hésite jamais à mettre le prix pour un hackle de qualité supérieure car il améliore considérablement la flottaison d'une mouche sèche. Il doit présenter les caractéristiques suivantes: fibres étroites, raides et brillantes, tige des plus résistantes. Quant au hackle de seconde qualité, on l'emploie pour les mouches noyées.

3 — Les parties d'une mouche

Nous passerons maintenant à l'étude des différentes parties d'une mouche afin de mieux vous situer lors de la fabrication.

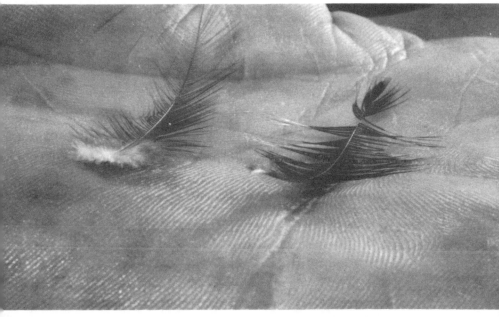

Différence entre un hackle de bonne qualité et un de qualité médiocre.

a) La queue

La queue doit être fixée à la fin de la hampe, près de la courbure de l'hameçon. Elle mesure en général le tiers de la longueur de la hampe, sauf dans le cas des éphémères où elle est un peu plus grande. Une fois fixée, elle devrait se tenir parfaitement horizontale. On utilise en général pour celle-ci des poils de hackle ou d'orignal (photo N).

b) Le corps

Cette partie de la mouche vient à la suite de la queue et couvre la hampe des deux tiers environ. On peut également produire des rayures sur le corps à l'aide de fils (photo O).

c) L'aile

L'aile sera installée de trois manières différentes:

1 — Aplatie sur le dos pour les nymphes (photo P).

2 — Inclinée vers l'arrière et sur le dessus du corps pour les noyées (photo Q).

3 — Droites et divisées dans le cas des mouches sèches (photo R).

d) Le hackle

Le hackle sert pour les pattes. Pour la mouche noyée ou du type nymphe, choisissez de préférence un hackle mou. Pour les mouches sèches, sélectionnez les meilleurs hackles disponibles. Le hackle se place à la fin du corps, près de l'oeil de l'hameçon.

e) L'épaule

Elle se situe par dessus l'aile et au centre, près de la tête de la mouche (photo S).

f) La gorge

On la trouve en dessous de la hampe, vis-à-vis de l'endroit où l'aile est fixée (photo Q).

g) La tête

Voici comment l'obtenir. Lorsque votre artificielle est entièrement terminée, tirez tout le matériel que vous aurez fixé à l'aide de la main gauche, en direction de la courbe de l'hameçon. Tournez votre fil d'attache de façon à ce qu'il soit uniforme et faites un noeud. La partie du fil d'attache qui apparaît constitue la tête de la mouche.

Mickey Finn
Mudler Minnow ▷

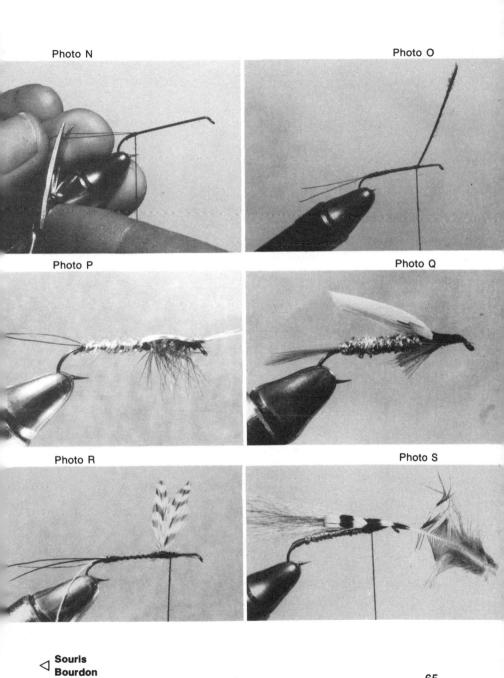

Photo N

Photo O

Photo P

Photo Q

Photo R

Photo S

◁ **Souris
Bourdon**

Chapitre 5

Le montage des mouches

Avant de passer à la fabrication de chaque mouche en particulier, voyons d'abord quelques étapes de base.

1 — Etapes de base

Comment ancrer le fil d'attache sur la hampe de l'hameçon

Tenez le fil d'attache avec le pouce et l'index de la main gauche et la bobine de la main droite. Posez le fil sur le dessus de la hampe et tournez le fil à l'aide de la bobine, trois ou quatre fois dans le même sens que les aiguilles d'une horloge, en vous dirigeant vers la gauche (photos U et V).

Coupez alors l'excédent du fil d'attache à l'aide de vos ciseaux et faites à nouveau deux autres tours. Dès ce moment, vous serez en mesure de fixer tout le matériel nécessaire à la confection de l'artificielle désirée (photo W).

Comment faire le noeud de tête

Tenez votre bobine de la main gauche et le tube de la main droite. Tournez votre fil deux fois autour du tube et roulez ce dernier à l'aide du pouce et de l'index jusqu'à l'oeil de l'hameçon. Insérez l'oeil à l'intérieur du tube et tirez légèrement le fil de la main gauche, tout en retirant le tube de la main droite. Il faut répéter cette opération une seconde fois pour que la tête de la mouche soit des plus solides (photos X et Y).

Il ne vous restera plus qu'à appliquer une goutte de ciment sur la tête de la mouche. Vous devez étendre le ciment de façon à couvrir la tête entièrement et uniformément.

Photo U

Photo V

Photo W

Photo X

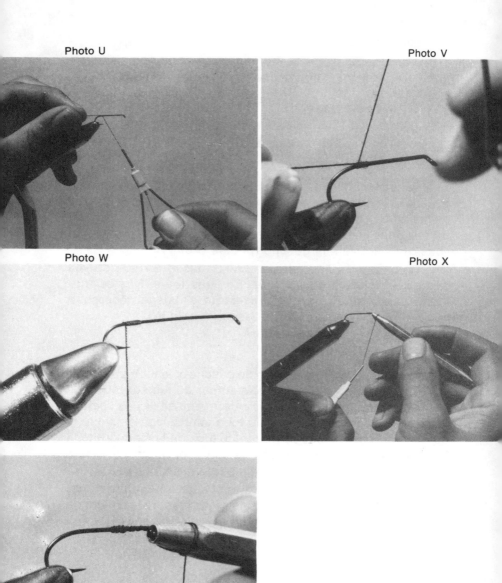

Photo Y

2 — La Grande Stone (nymphe)

S'il est une période de l'année où vous devez utiliser une nymphe, c'est bien au printemps, alors que les éclosions sont des plus rares, ou encore lorsqu'aucune activité ne se remarque à la surface de l'eau. Ramenez toujours votre nymphe en donnant à votre canne des secousses rapides et répétées. Très bonne pour la truite.

Matériel

Hameçon *Mustad* #10 (3665a)
Queue: Poil d'orignal (dos)
Corps: Laine grise, pure
Rayures du corps: Fil plat métallique, lamé or
Aile: Section de plume de dinde
Pattes: Hackle mou, brun, de chape de coq
Tête: ciment noir

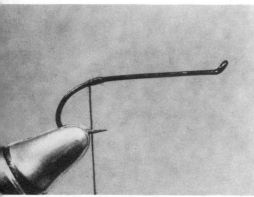

Montage

Photo numéro: 1

a) Ancrez votre fil d'attache sur la hampe, vis-à-vis du centre du harpon.

b) Attachez un poil d'orignal par le milieu, en lui donnant un angle de 30 degrés vers l'extérieur et tournez votre fil trois fois dans le sens des aiguilles d'une montre.

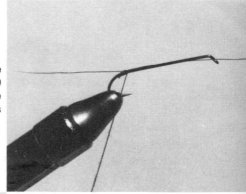

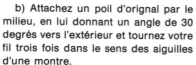

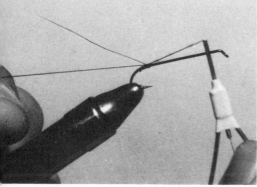

c) Ramenez l'autre partie du poil vers l'arrière en lui donnant le même angle, mais en sens contraire et attachez.

72

d) Tenez les deux poils et coupez-les à la même égalité pour qu'ils aient la longueur de la hampe.

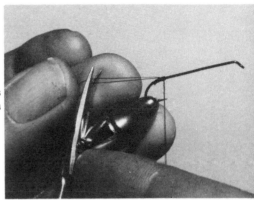

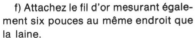

e) Coupez un brin de laine grise pure, mesurant au moins six pouces (15 cm), et attachez-le sur la hampe à la suite du poil d'orignal.

f) Attachez le fil d'or mesurant également six pouces au même endroit que la laine.

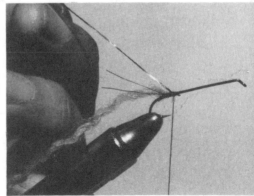

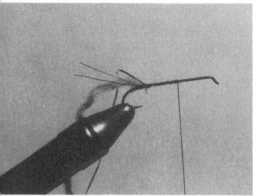

g) Amenez votre fil d'attache vers la droite en tournant et arrêtez-vous aux deux-tiers de la hampe. Tournez ensuite votre laine dans la même direction en prenant soin qu'elle soit bien serrée et attachez. Ne coupez pas l'excédent de laine. Tournez le fil d'or par dessus la laine dans la même direction, en l'espaçant toujours de 0,25 cm, attachez et coupez le surplus du fil d'or.

h) Coupez une section de plume de dinde d'un brun moyen mesurant 0,25 cm et posez-la sur la hampe à la suite de votre laine et du fil d'or. Attachez. Le côté pâle de la plume devrait apparaître au-dessus de la hampe.

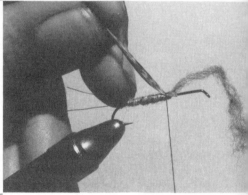

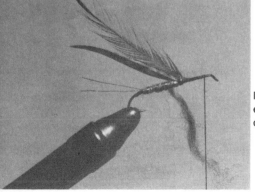

i) Attachez votre hackle à la suite de la plume et amenez votre fil d'attache en direction de l'oeil, soit à 0,25 cm de celui-ci.

j) Tournez la laine en formation serrée jusqu'à 0,25 cm de l'oeil et attachez.

Saisissez le hackle à l'aide de votre pince et tournez ce dernier par-dessus la laine, en l'espaçant toujours de 0,25 cm, afin de couvrir cette dernière en entier.

k) Coupez l'excédent du hackle à l'aide des ciseaux.

△
▷

l) A l'aide du pouce et de l'index de la main droite, rabattez la plume vers l'avant et tournez votre fil deux fois en utilisant la main gauche.

Soulevez la plume de la main gauche et finissez votre tête.

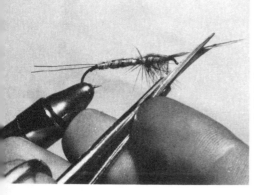

m) Coupez la plume pour la laisser dépasser de l'oeil de ½ pouce (1,2 cm). Séparez-la ensuite en deux à l'aide de la pointe des ciseaux et posez une goutte de ciment noir.

Mouche terminée.

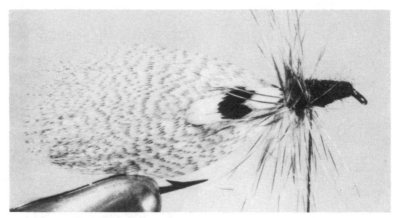

3 — La Hornberg (noyée)

Si on ne me permettait le choix que d'une seule artificielle, j'opterais sans hésiter pour la Hornberg. Je crois que c'est actuellement la mouche la plus efficace qui existe sur le marché. Utilisez-la aux mois de mai, juin, fin août et septembre et vous ne serez certainement pas déçu. Les résultats ne mentent jamais. Bien que la réplique exacte de cette artificielle convienne parfaitement, on peut également la monter d'une couleur différente et obtenir de nombreux succès. J'ai essayé personnellement une Hornberg dont j'avais teint les plumes de malard en brun et posé un hackle de la même couleur. Chez les insectes, le brun est une des couleurs des plus fréquentes. Elle peut être utilisée pour la truite et le brochet.

Matériel

Hameçon *Mustad* #10 (79580)

Corps: Fil plat métallique, lamé argent
        Poils de queue de veau teints jaune

Ailes: Plumes de poitrine de malard mâle

Epaules: Plumes de coq de Sonnerat

Pattes: Hackle de coq Grisly

Tête: Ciment noir

Montage

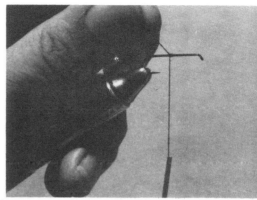

a) Ancrez votre fil d'attache au centre de la hampe et coupez l'excédent.

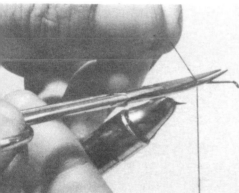

b) Fixez le fil d'argent mesurant au moins six pouces (15 cm) au centre de la hampe.

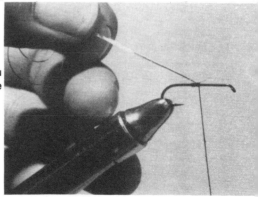

79

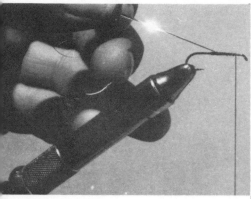

c) Amenez le fil d'attache jusqu'à 0,25 cm de l'oeil.

d) Tournez le fil d'argent en formation serrée jusqu'à la courbure de l'hameçon et revenez vers l'avant en arrêtant à 0,25 cm de l'oeil. Attachez. Coupez l'excédent du fil d'argent.

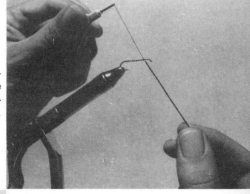

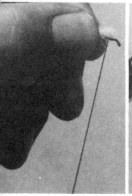

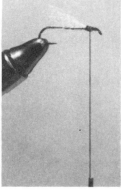

e) Installez une pincée de poils (jaunes) de queue de veau de manière à couvrir les deux tiers de la hampe.

f) Choisissez deux plumes de poitrine provenant d'un malard mâle.

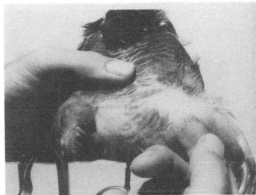

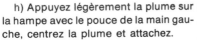

g) Retenez 2,5 cm de la plume à l'aide du pouce et de l'index de la main gauche, et tirez sur le reste des fibres à l'aide de la main droite, sans les enlever.

h) Appuyez légèrement la plume sur la hampe avec le pouce de la main gauche, centrez la plume et attachez.

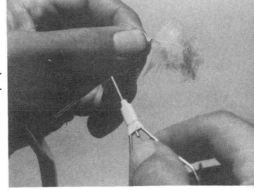

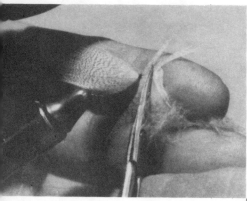

i) Posez ensuite l'index derrière les fibres et coupez de sorte qu'il en reste deux ou trois. Fixez l'autre plume de la même façon de l'autre côté de l'hameçon.

j) Centrez à nouveau vos plumes au besoin à l'aide des fibres et coupez celles-ci en en laissant une petite partie. Ces fibres auront pour fonction d'empêcher vos plumes de glisser une fois qu'elles seront fixées.

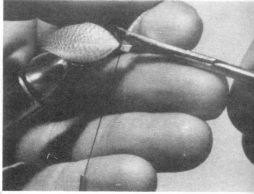

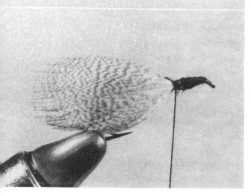

k) Tournez votre fil d'attache de façon à faire disparaître toutes les fibres.

l) Installez les plumes de coq Sonnerat au centre des plumes de malard et
attachez. Coupez ensuite le surplus.

m) Choisissez un hackle de chape
de coq grisly auquel vous enlèverez
les fibres molles et coupez la tige en en
laissant 0,25 cm à découvert.

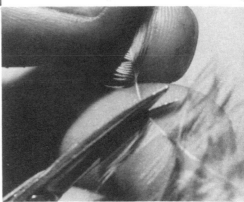

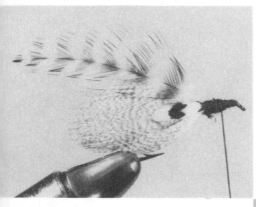

n) Attachez votre hackle et amenez votre fil légèrement vers l'oeil.

o) Tournez votre hackle jusqu'au fil et attachez. Finissez votre tête et posez une goutte de ciment noir.
▷
▽

4 — Joliette Hopper ou sauterelle de Joliette (noyée)

Voilà une autre artificielle sur laquelle vous pourrez compter durant presque toute la saison. On monte son corps en trois couleurs différentes, soit le jaune, le vert et l'orange. Une autre excellente mouche pour la truite.

Matériel

Hameçon *Mustad* #10 (79580)

Queue: Hackle rouge ordinaire, court, de cou de coq ou laine rouge

Corps: Laine jaune à trois brins
Hackle brun, mou, de chape de coq

Aile: Section de plume de dinde

Pattes: Hackle mou, brun, de chape de coq

Tête: Ciment noir

Montage

a) Fixez une queue d'hackle rouge ordinaire vers le début de la courbe de l'hameçon et coupez l'excédent. La queue doit avoir environ le tiers de la longueur de la lampe.

b) Attachez un brin de laine jaune mesurant environ six pouces.

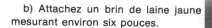

c) Choisissez un hackle brun mou, que vous attacherez à la même hauteur que la laine. Amenez votre fil d'attache à 0,50 cm de l'oeil.

d) Tournez votre laine jusqu'au fil et attachez. Faites la même chose avec le hackle en le distançant toujours d'environ 0,25 cm à chaque tour que vous ferez. Rabattez ensuite les poils vers le bas, en dessous de la hampe.

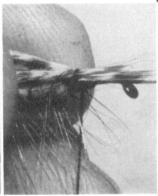

e) Taillez une section de plume de dinde d'un brun moyen, pliez légèrement en gardant la partie pâle vers l'intérieur. Posez délicatement au-dessus de la hampe et attachez.

f) Coupez la plume à angle de 45 degrés à la hauteur du centre de la queue.

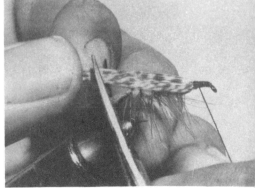

g) Fixez un autre hackle brun mou.

h) Tournez votre hackle et coupez l'excédent. Finissez votre noeud et appliquez une goutte de ciment noir.

i) Mouche terminée.

5 — La Mudler Minnow (streamer)

Cette artificielle fait partie de la grande famille des streamers, lesquels imitent en vérité de petits poissons. La muddler est un appât aux fontions des plus variées. Elle peut être utilisée pour pêcher la truite, le brochet, l'achigan et certains autres poissons. C'est une autre mouche clé devant toujours faire partie de vos boîtes à mouches. Elle peut être utilisée à longueur d'année et donner des résultats de façon assez régulière.

Matériel

Hameçon *Mustad* #10 (3665 a) ou (3906 b) #8

Queue: Section de plume de dinde

Corps: Fil d'or ovale

Aile: Section de plume de dinde

Dessus d'aile: Poils de queue d'écureuil brun et poils de chevreuil

Tête: Poils de chevreuil

Ciment: Incolore

On peut également monter une mudler blanche avec du matériel différent.

Matériel

Hameçon *Mustad* #10 (3665 a) ou (3906 b) #8

Queue: Laine rouge

Corps: Fil plat lamé argent

Aile: Section de plume d'oie blanche

Dessus d'aile: Fibre synthétique blanche et poils blancs de chevreuil

Tête: Poil blanc de chevreuil

Ciment: Incolore

Montage

a) Ancrez votre fil d'attache vis-à-vis de la pointe de l'hameçon.

b) Coupez une section de plume de dinde d'un brun moyen, mesurant environ 0,25 cm de large.

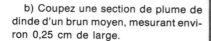

c) Posez la plume sur la hampe à la hauteur de la pointe de l'hameçon et tenez-la en position à l'aide du pouce et de l'index de la main gauche. Passez votre fil d'attache entre vos doigts et ramenez-le vers la hampe en le retenant légèrement et serrez ensuite le fil. Attachez.

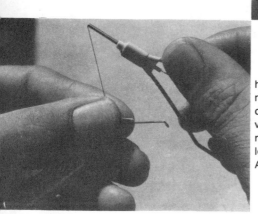

d) Coupez votre plume (queue) à angle de 45 degrés, pour qu'elle mesure le tiers de la longueur de la hampe. Couper l'excédent de la plume se situant sur la hampe

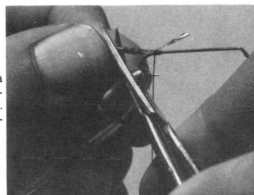

e) Attachez le fil d'or à la suite de la queue et amenez le fil d'attache à 0,50 cm de l'oeil. Tournez le fil d'or sur la hampe en formation serrée jusqu'au même endroit, attachez et coupez l'excédent.

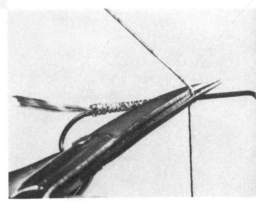

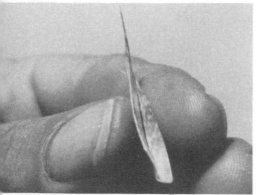

f) Taillez une autre section de plume de dinde d'un brun moyen d'une largeur de 0,75 cm que vous plierez en deux, en gardant la partie pâle à l'intérieur.

g) Posez la plume sur la hampe et fixez-la à 0,50 cm de l'oeil.

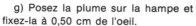

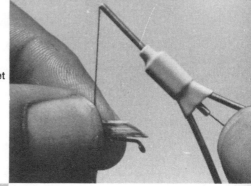

h) Coupez la plume à angle de 45 degrés vers le centre de la queue.

i) Taillez une pincée de poils provenant de la queue d'un écureuil brun.

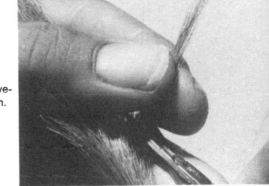

j) Posez le poil d'écureuil par dessus
la plume de façon à ce qu'il contourne
celle-ci; attachez et coupez l'excédent.

△
▷

k) installez une pincée de poils de chevreuil sur la hampe, et tournez votre fil d'attache en ne serrant que légèrement, afin que le poil soit réparti de manière à couvrir la plume et contourner la hampe. Tournez à nouveau le fil d'attache à deux reprises, en le serrant plus vigoureusement cette fois.

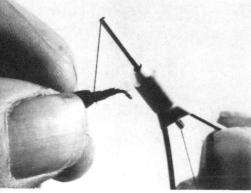

l) Ramenez tous les poils à l'aide de vos doigts de la main gauche, et tournez le fil d'attache à plusieurs reprises en vous dirigeant vers la gauche, afin que tous les poils de chevreuil prennent le même angle que l'aile.

m) Installez une pincée de poils de chevreuil sur la hampe et tournez votre fil deux fois en ne serrant que très légèrement.

n) Coupez les poils de chevreuil retenus par votre main gauche pour qu'ils soient de la même longueur que ceux déjà fixés sur la hampe.

o) Serrez maintenant votre fil d'attache avec vigueur et reposez à nouveau du poil de chevreuil en effectuant la même opération qu'aux étapes m et n. Une fois la hampe couverte jusqu'à l'oeil, amenez le fil d'attache à l'avant des poils de chevreuil, finissez la tête et faites votre noeud, en retenant tous les poils à l'aide des doigts de la main gauche.

p) Taillez à l'aide de vos ciseaux le poil de chevreuil en direction de l'oeil de l'hameçon afin de lui donner la forme d'un cône.

q) Mouche terminée.

Dunn Marleau ou Hexagenia Limbata Hornberg ▷

6 — La Mickey Finn (streamer)

Parmi les streamers, la Mickey Finn est une autre artificielle sur laquelle on peut beaucoup miser. Elle est efficace surtout en été pour la truite. On s'en sert également pour capturer le brochet.

Matériel

Hameçon *Mustad* #10 (3665 a)
Corps: Fil de nylon rouge
       Fil à crocheter argent à deux brins
Aile: Poils de queue de chevreuil teints jaune et rouge
Epaule: Plumes de coq Sonnerat
Tête: Ciment noir

◁ **Bomber Brun**
Joliette Hopper

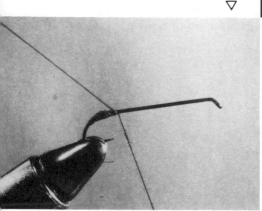

 △
▷

a) Ancrez votre fil d'attache au début de la courbe de l'hameçon.

Attachez le fil de nylon rouge et amenez le fil d'attache au centre de la hampe.

Tournez le fil rouge de nombreuses fois pour obtenir une bonne épaisseur couvrant la moitié de la courbe de l'hameçon vers la hampe, attachez et coupez l'excédent.

▽

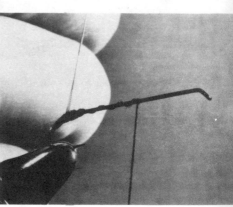

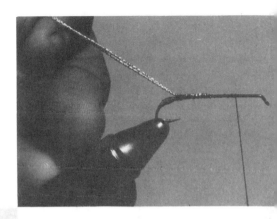

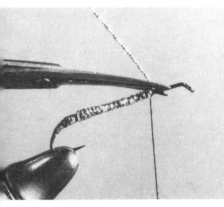

b) A la suite du fil rouge, attachez le fil d'argent. Amenez ensuite le fil d'attache à 0,75 cm de l'oeil.

Tournez alors le fil d'argent en formation serrée jusqu'à cet endroit et attachez.

c) Fixez une pincée de poils de queue de chevreuil jaune sur la hampe et coupez l'excédent.

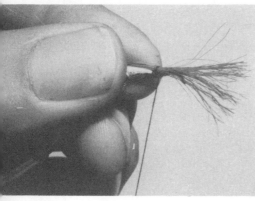

d) Fixez une pincée de poils de chevreuil rouges par dessus le jaune et coupez à nouveau le surplus.

e) Posez à nouveau une pincée de poils jaunes au-dessus des deux autres et coupez l'excédent.

f) Tournez votre fil d'attache pour serrer le tout avec vigueur.

g) Choisissez deux plumes provenant d'une chape de coq Sonnerat et fixez de chaque côté de la hampe pour ensuite couper l'excédent. Finissez votre tête et appliquez une goutte de ciment.

7 — La Brown Quill (sèche)

Voici une de ces mouches sèches tout à fait indispensables et qu'on doit toujours prendre la peine de se procurer avant d'entreprendre une excursion de pêche. Elle est très efficace, surtout pendant les mois de mai et juin, où les truites s'en gaveront. Cette mouche représente en fait un des nombreux éphémères qui évoluent dans les cours d'eau et qui portent le nom de *Leptophlebia Cupida.*

Matériel

Hameçon *Mustad* #14 (3665a)
Queue: Poil d'orignal (dos)
Corps: Fibre de plume de queue de paon
Ailes: Hackle de chape de coq brun, moyen
Pattes: Hackle brun de première qualité
Tête: Ciment noir

Montage

a) Ancrez votre fil d'attache sur la hampe, vis-à-vis du centre du harpon.

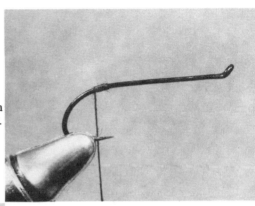

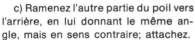

b) Attachez un poil d'orignal par son centre, en lui donnant un angle de 30 degrés.

c) Ramenez l'autre partie du poil vers l'arrière, en lui donnant le même angle, mais en sens contraire; attachez.

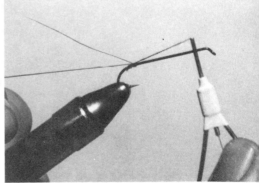

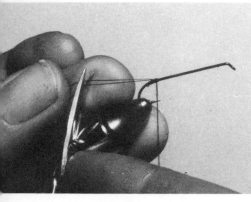

d) Tenez les deux sections du poil et coupez à la même égalité pour qu'ils fassent la longueur de la hampe.

e) Prenez une fibre de plume provenant de la queue d'un paon et dénudez-la de ses poils à l'aide des ongles du pouce et de l'index.

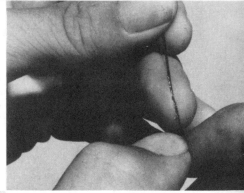

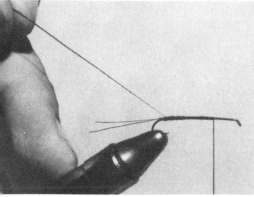

f) Attachez votre fibre à la suite de la queue et amenez votre fil d'attache jusqu'à un centimètre de l'oeil.

g) Tournez la fibre en formation serrée de façon à couvrir entièrement la hampe jusqu'au fil et attachez. Coupez ensuite l'excédent.

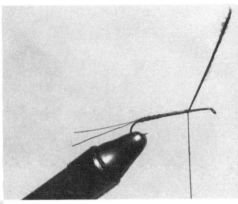

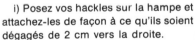

h) Choisissez deux hackles moyens de couleur brune, mettez-les côte à côte. Ils doivent, ainsi placés, courber vers l'extérieur. La partie foncée du hackle devrait se situer à l'intérieur.

i) Posez vos hackles sur la hampe et attachez-les de façon à ce qu'ils soient dégagés de 2 cm vers la droite.

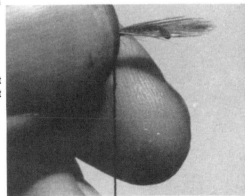

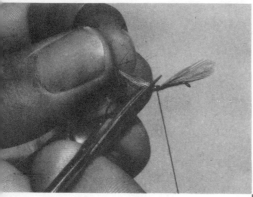

j) Soulevez la partie arrière des hackles et coupez.

k) Ramenez les hackles vers l'arrière et tournez votre fil jusqu'à ce que vos ailes soient à la verticale. Coupez ensuite l'excédent du hackle se trouvant à l'avant des ailes.

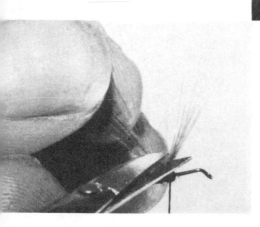

l) Séparez les hackles en tournant votre fil entre ceux-ci, et donnez-leur un angle de 45 degrés vers l'extérieur.

m) Maintenant que vous avez obtenu vos ailes, fixez un hackle brun de la meilleure qualité à l'arrière de celles-ci et un autre à l'avant.

n) Saisissez le hackle du devant et tournez une fois en avant des ailes, deux fois en arrière et une autre fois en avant. Attachez

o) Coupez le surplus du hackle. Prenez l'autre hackle et faites deux tours à l'arrière des ailes et deux en avant; attachez et coupez l'excédent.

p) De la main gauche, ramenez tous les poils et finissez votre tête. Appliquez une goutte de ciment noir.

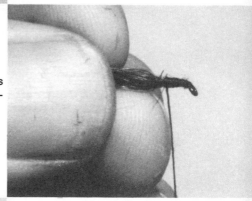

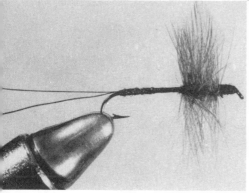

q) Mouche terminée.

8 — La Brown Drake

Voici une autre mouche sèche à utiliser à la fin de mai ou au début de juin au nord de Montréal. Un autre délice pour la truite mouchetée.

Matériel

Hameçon *Mustad* #14 (3665a)
Queue: Poil d'orignal (dos)
Corps: Fibre de queue de paon
Rayures du corps: Fil de soie jaune
Ailes: Hackle de coq Grisly
Pattes: Hakle de chape de coq brun et raide
Tête: Ciment noir

Montage

Pour le début de cette mouche, vous n'avez qu'à répéter les opérations a, b, c, d, e, qui servent pour la Brown Quill.

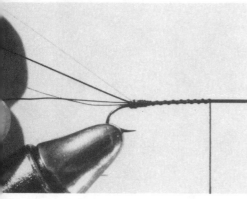

f) Attachez le fil de soie jaune à la suite de la queue de votre mouche ainsi que la fibre de queue de paon. Amenez le fil d'attache à un centimètre de l'oeil.

g) Prenez les deux hackles de chape de coq grisly et posez-les de la même façon que vous avez posé les ailes de la Brown Quill.

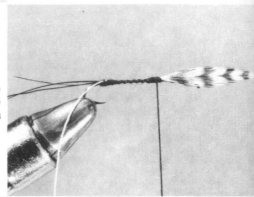

h) Remontez vos ailes à la verticale en leur donnant un angle de 45 degrés vers l'extérieur.

i) Amenez le fil d'attache derrière les ailes. Tournez la fibre de paon en formation serrée pour couvrir la hampe jusqu'aux ailes et attachez. Faites la même chose avec le fil de soie jaune tout en l'espaçant toujours de 0.25 cm et attachez-le.

j) Fixez un hackle à l'arrière des ailes et un autre à l'avant.

k) Saisissez le hackle du devant et tournez une fois en avant de l'aile, deux fois en arrière et une fois à l'avant à nouveau. Prenez le second hackle, tournez deux fois à l'arrière et deux fois à l'avant. Coupez ensuite l'excédent.

1) Après avoir fini votre tête de mouche, posez une goutte de ciment noir.

m) Mouche terminée.

9 — La Dunn Marleau ou l'*Hexagenia Limbata*

Voilà un éphémère de grande taille, très répandu au nord de Montréal et dont les truites raffolent tout particulièrement. On observe sa présence au mois de juillet surtout et jusqu'à la mi-août par les soirs d'été. Il apparaît à la fin de la journée, soit au coucher du soleil. Après avoir à maintes reprises essayé de reproduire l'insecte naturel, ce dernier modèle a été celui qui m'a permis le plus grand nombre de captures. Au stade du sub-imago, les truites s'en nourrissent énormément.

Matériel

Hameçon *Mustad* #14 (3665a) ou #16 (3665a)
Queue: Poil d'orignal (dos)
Corps: Fibres de plumes de flancs de malard mâle teints écru
Ailes: Hackle *charcoal* ou gris, ordinaire de cou de coq
Pattes: Hackle de selle teint écru
Tête: Ciment noir

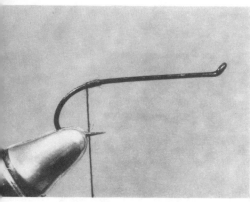

Montage

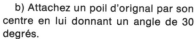

a) Ancrez votre fil d'attache sur la hampe vis-à-vis du centre du harpon.

b) Attachez un poil d'orignal par son centre en lui donnant un angle de 30 degrés.

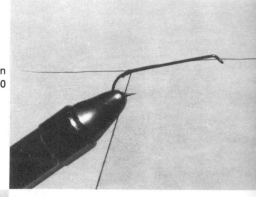

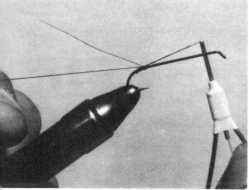

c) Ramenez l'autre partie du poil vers l'arrière en lui donnant le même angle, mais en sens contraire, et attachez.

d) Tenez les deux sections du poil et coupez à la même égalité, pour qu'ils fassent la longueur de la hampe.

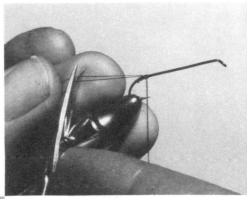

e) Prenez trois ou quatre fibres d'une plume de flanc de malard mâle, qui auront été préalablement teintes écru.

f) Fixez vos fibres de plume à la suite de la queue et tournez pour couvrir la hampe de l'hameçon. Vous devrez répéter cette opération à quelques reprises afin de cacher la hampe entièrement.

g) Posez deux hackles de couleur grise ou *charcoal* sur la hampe et laissez 2 cm à découvert. Coupez le surplus du hackle à l'arrière.

h) Remontez vos ailes à la verticale et donnez-leur un angle de 45 degrés vers l'extérieur.

i) Attachez un hackle de selle écru à l'arrière de vos ailes et un autre à l'avant. Tourner ce dernier une fois à l'avant, deux en arrière et une autre à l'avant des ailes. Avec le second, faites deux tours arrière et deux avant. Coupez l'excédent. Finissez votre tête et appliquez une goutte de ciment noir.

j) A l'aide d'un crayon feutre noir, colorez seulement le dos et faites des traits verticaux, distancés de 0,25 cm chacun, sur les côtés.

k) Mouche terminée.

10 — La Souris

Bien manipulée, cette artificielle imitant une petite souris prendra souvent de grosses truites. Nombreux sont les moucheurs qui s'en servent pour l'achigan.

Matériel

Hameçon *Mustad:* #8 (3906b)
Queue: Un brin de laine pure, grise
Corps: Poil de chevreuil
Tête: Ciment incolore

Montage

a) Attachez un brin de laine pure, grise, au centre du harpon et laissez une longueur de 2 cm à la queue.

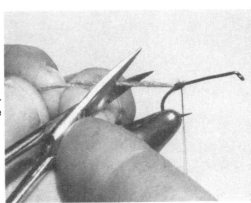

b) Attachez une pincée de poils de chevreuil en ne la serrant que délicatement à la suite de la queue.

c) Coupez les poils retenus de la main gauche de la même longueur que ceux fixés à la hampe, tournez votre fil en serrant plus fort.

d) Ramenez les poils de la main gauche et faites deux tours avec votre fil, le plus près possible du poil.

e) Ajoutez du poil de chevreuil jusqu'à l'oeil de l'hameçon et faites en sorte de bien tasser les poils à chaque opération sur ceux déjà installés. Amenez le fil d'attache à l'avant des poils et finissez votre tête.

f) Coupez le poil à l'aide des ciseaux pour lui donner la forme d'une souris. Coupez ensuite votre queue à la moitié.

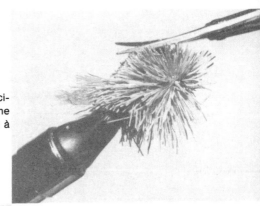

g) Mouche terminée.

11 — Le Bourdon

Les discussions ont souvent été entamées entre pêcheurs chevronnés sur l'espèce de poisson qui serait la plus combative des eaux douces du Québec. Pour ma part, je considère que l'achigan remporte de loin la palme. Trop nombreux sont les pêcheurs qui n'ont pu goûter aux prouesses de ce travailleur infatigable. Ses sauts vertigineux hors de l'eau vous feront frissonner de plaisir. Une des artificielles les plus efficaces en ce cas est le bourdon.

Matériel

Hameçon *Mustad* #8 (3906 b)
Queue: Fibres d'hackle rouges, courtes, de cou de coq
Corps: Grosse chenille noire
         Grosse chenille jaune
Ailes: Section de plume grise
Pattes: Hackle de chape de coq, mou (brun)
Tête: Ciment noir

Montage

a) Ancrez votre fil au centre du harpon et attachez la queue d'un hackle rouge ordinaire pour qu'il ait le tiers de la longueur de la hampe.

b) Coupez ensuite l'excédent du hackle.

c) Attachez un morceau de chenille jaune.

d) Tournez votre chenille deux ou trois fois et attachez de la main gauche.

e) Coupez l'excédent de chenille.

f) Faites la même opération avec une chenille noire et une chenille jaune.

g) Attachez un hackle brun mou.

h) Tournez votre hackle deux à trois fois et attachez. Coupez l'excédent.

i) Rabattez les poils de hackle vers le bas, en dessous de la hampe.

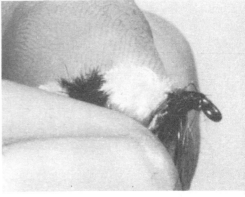

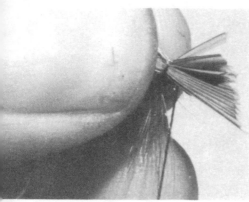

j) Coupez une section de plume grise et posez-la sur la hampe. Taillez l'aile au milieu de la queue à angle de 45° et enlevez le surplus se trouvant vers l'oeil de l'hameçon. Finissez votre tête et appliquez une goutte de ciment noir.

k) Mouche terminée.

12 — La Royal Coachman Wulf (sèche)

Bien que cette artificielle n'ait que peu de ressemblance avec les vrais insectes, je la classerais parmi les mouches les plus attrayantes. Il ne faut pas la dédaigner car il se peut que les résultats soient inattendus. Utilisez-la surtout en dernier recours.

Matériel

Hameçon *Mustad* #10 (79580)
Queue: Poils de queue de veau (blancs)
Corps: Fibres de plume de queue de paon
       Fil de nylon rouge
Pattes: Hackle de selle brun
Aile: Poils de queue de veau (blancs)
Tête: Ciment noir

Montage

a) Attachez une pincée de poils de queue de veau blanche sur la hampe, vis-à-vis du centre du harpon, et amenez votre fil à un centimètre de l'oeil de l'hameçon. La queue doit avoir 0,75 cm de long.

b) Prenez une autre pincée de poils d'une queue de veau blanche et attachez-la de façon à avoir 1,25 cm à découvert.

c) Ramenez le poil en position verticale, légèrement incliné vers l'avant. Replacez votre fil d'attache vis-à-vis de la pointe de l'hameçon.

Silver Rat ▷
Grande Stone

128

d) Prenez une fibre de plume provenant de la queue d'un paon et fixez-la.
Tournez sur la hampe pour obtenir une
longueur d'environ 0,25 cm. Attachez et
coupez l'excédent.

e) Fixez ensuite un fil de nylon rouge
et tournez sur la hampe, pour une distance de 0,50 cm. Attachez et coupez
l'excédent.

f) Attachez une autre fibre de plume
de queue de paon et tournez sur une
longueur de 0,25 cm en augmentant
cette fois légèrement le volume. Attachez et coupez l'excédent. ▽

g) Choisissez deux bons hackles de selle, et posez-en un à l'avant de l'aile et un autre à l'arrière. Tournez le hackle du devant deux fois en avant de l'aile, deux fois en arrière et une autre à l'avant. Prenez le second, tournez-le deux fois en arrière et deux fois à l'avant. Enlevez l'excédent, finissez votre tête en retenant tous les poils de la main gauche. Appliquez une goutte de ciment noir.

h) Mouche terminée.

Les mouches à saumon

Contrairement à la truite, le saumon prendra les artificielles par agacement et non pas seulement dans le but de se nourrir. Il pénètre dans les rivières avec la seule idée de se reproduire. Il faut donc comprendre que plus la mouche sera attrayante, meilleures seront les chances de capture. Un nombre incalculable d'artificielles inondent présentement le marché, mais quelques-unes seulement d'entre elles donneront des résultats assez concluants. En ce qui concerne la pêche au saumon, la Mickey Finn demeure une des mouches les plus efficaces. Referez-vous à la page 97 pour la fabrication de celle-ci, mais en utilisant cette fois un hameçon Mustad #2 (36890).

13 — La Silver Rat

Comme toutes les mouches portant le nom de "Rat", on peut espérer beaucoup de cette artificielle.

Matériel

Hameçon *Mustad* #6 (36812)
Corps: Fil métallique plat, lamé argent
Aile: Poils de queue d'écureuil gris
Pattes: Hackle de chape de coq grisly
Tête: Ciment noir

Montage

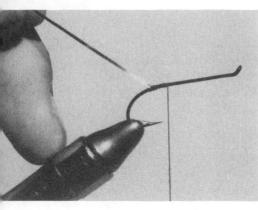

a) Ancrez votre fil d'attache vis-à-vis de la pointe de l'hameçon et fixez un fil d'argent plat, long de six pouces (15 cm).

b) Amenez votre fil à un centimètre de l'oeil.

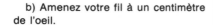

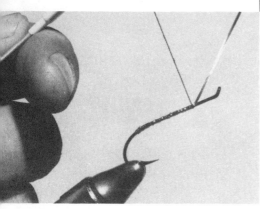

c) Tournez votre fil d'argent de façon à couvrir entièrement la hampe, tenez ensuite le fil de la main droite et attachez de la main gauche. Coupez l'excédent.

d) Coupez une pincée de poils provenant de la queue d'un écureuil gris.

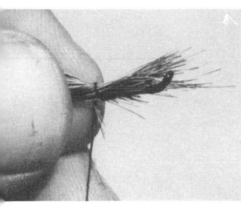

e) Posez sur la hampe et tournez votre fil trois fois. Coupez ensuite l'excédent.

f) Relevez vos poils de la main droite et tournez votre fil environ trois ou quatre tours pour donner aux poils un angle de 30 degrés, au dessus de la hampe.

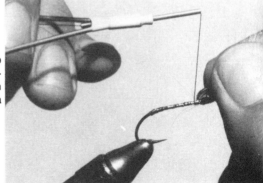

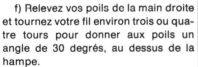

133

g) Choisissez un hackle de coq grisly moyen.

h) Installez votre hackle à la suite de l'aile et tournez-le. Attachez et coupez l'excédent.

i) Retenez les poils de hackle de la main gauche et tournez votre fil vers la gauche pour former avec les poils un genre de parachute. Finissez votre tête et appliquez une goutte de ciment noir.

j) Mouche terminée.

14 — Le Bomber Brun (flottante)

On pourrait qualifier ces artificielles de "bombes volantes". Montées en différentes couleurs telles le brun, le blanc ou encore le jaune, elles sont toutes efficaces.

Matériel

Hameçon *Mustad* #6 (36812) ou #2 (36890)
Queue: Poils de queue d'écureuil brun
Corps: Poils de chevreuil
Rayures du corps: Hackle de selle brun
Aile: Poil de queue d'écureuil brun
Pattes: Hackle de selle brun
Tête: Ciment noir

Montage

a) Coupez une pincée de poils provenant de la queue d'un écureuil brun.

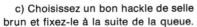

b) Attachez le poil d'écureuil sur la hampe vis-à-vis de la pointe de l'hameçon.

c) Choisissez un bon hackle de selle brun et fixez-le à la suite de la queue.

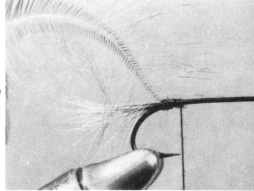

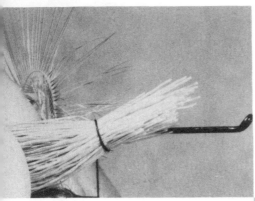

△
▷

d) Attachez une pincée de poils de chevreuil et coupez. Refaites la même opération jusqu'à 1,5 cm de l'oeil de l'hameçon en prenant soin de bien tasser le poil de chevreuil.

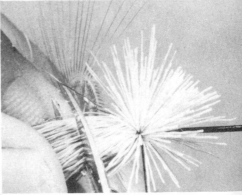

e) Posez une autre pincée de poils de queue d'écureuil brun sur la hampe et attachez.

f) Coupez l'excédent du poil se trouvant à votre gauche, et, en relevant le poil de la main gauche, tournez votre fil jusqu'à ce que les poils forment un angle de 45 degrés.

g) Posez à nouveau une pincée de poils de chevreuil.

h) Taillez votre poil de chevreuil pour lui donner une légère apparence de cône.

i) Tournez votre hackle par dessus le corps à une distance égale de 0,50 cm et attachez.

j) Posez un hackle de selle en arrière de l'aile et un autre à l'avant. Coupez l'excédent. Tournez le hackle du devant une fois en avant de l'aile, deux fois à l'arrière et une autre fois à l'avant. Coupez l'excédent. Tournez le second deux fois à l'arrière et deux fois à l'avant. Ramenez ensuite tous les poils de la main gauche et finissez votre tête. Ajoutez une goutte de ciment noir.

k) Mouche terminée.

Conclusion

Essayer d'imiter les vrais insectes de nos eaux avec tout le matériel disponible est un passe-temps des plus captivants. Les mouches énumérées dans ce livre sont des artificielles auxquelles on peut se fier en tout temps dans la province de Québec. Pour ce qui est de la mouche à saumon, il ne faut pas oublier qu'elle doit être la plus attrayante possible car la réaction du poisson en dépend. Les parcs du Gouvernement pullulent de bons lacs et combien d'autres sont à notre portée: les rivières à saumons de la Matane, de la St-Jean, de la Matapédia, de la Trinité, de la Darmouth, etc., etc. Mais avant de partir à la découverte de tous les plaisirs que recèlent nos eaux, j'aimerais terminer sur quelques observations.

1 — La pollution

Voilà un sujet bien controversé. Combien de lacs, de rivières ou de ruisseaux ont été abandonnés à la pollution? On accuse les compagnies de concourir à cet état de choses, mais sont-elles les seules responsables. Si elles ont certainement joué un grand rôle dans ce processus, le citoyen n'y a-t-il pas contribué par son insouciance. Si vous fréquentez les bois assez régulièrement, il ne vous sera pas difficile de discerner les traces laissées par des personnes incultes. Les amas de déchets empilés aux bords des lacs vous signaleront leur passage. Il m'est arrivé à une ou deux occasions de retirer environ quatre-vingts cannettes de bière ou de liqueur traînant dans l'eau et près des rives d'un lac. Si on est capable de transporter un attirail pesant parfois jusqu'à cinquante livres, pourquoi ne pas ramener ses déchets chez soi. Ecrasez vos cannettes à l'aide de pierres; ainsi réduites elles seront plus faciles à rapporter. Emmenez toujours un petit sac de polythène pour transporter vos déchets. Si vous ne voulez absolument pas les rapporter, creusez un trou·d'environ trois pieds pour les y déposer et enterrez-les. Cela ne demande pas tant de temps et d'efforts que cela. La forêt n'est pas un dépotoir à ciel ouvert.

2 — Les limites de capture

"Ce lac a déjà été meilleur. On avait l'habitude de prendre de belles truites ici, aujourd'hui on ne prend plus rien." Voilà une expression qu'on entend fréquemment chez les pêcheurs, car le braconnage pratiqué à long terme nuit considérablement à la reproduction régulière du poisson. N'avez-vous jamais entendu des pêcheurs se vanter en ces termes: "Nous étions deux et nous avons pris cent cinquante truites". Il est assez fréquent en effet que des pêcheurs reviennent d'une excursion avec beaucoup plus de poissons que la limite permise. Ces gens nuisent à l'équilibre écologique et vont à l'encontre de l'esprit sportif.

3 — Les petits poissons

Peu de pêcheurs ont pris la bonne habitude de laisser aller un poisson de petite taille. J'ai même rencontré des soi-disant sportifs qui osaient ramener des truites de quatre ou cinq pouces. Je ne crois pas qu'ils en soient tellement fiers eux-mêmes. Donnez donc la chance aux petits poissons de grandir, vous aurez sûrement l'occasion de les revoir un jour et de faire alors meilleur festin. Trempez toujours votre main dans l'eau et saisissez le poisson délicatement si vous décidez de le laisser aller; mais si jamais il était piqué à l'oeil ou que l'hameçon avait pénétré assez profondément dans la gueule, celui-ci doit être considéré comme un poisson mort.

4 — La clé de la réussite

En guise de conclusion, j'aimerais vous rappeler que la patience est la mère de la réussite. Ceux qui parviennent au succès sont ceux qui n'ont jamais abandonné. Si vous avez décidé de pêcher à la mouche, ne troquez jamais votre canne pour une à lancer léger. La persévérance peut vous amener à posséder toutes les qualités d'un moucheur respectable.

Lexique

Artificielle: Nom donné aux mouches artificielles

Bas de ligne: Allonge disposée à la fin d'une ligne de pêche et servant à attacher l'hameçon; avançon

Ferrage du poisson: Désigne le moment où le poisson mord à l'hameçon et où le pêcheur réagit en ramenant sa canne

Hackle: Plumes provenant du dos, du cou ou du postérieur d'un coq

Hydrofuge: Qui repousse l'eau

Lichen: Végétal très vivace, très résistant à la chaleur et au froid et vivant généralement sur les rochers.

Mouches noyées: Mouche qui a la propriété de rester immergée

Mouches sèches: Mouche qui a la propriété de flotter

Mouchetée: Nom vulgaire d'un omble de fontaine

Nymphe: Insecte parvenu au second stade de sa métamorphose, entre la larve et le sub-imago

Soie: Corde recouverte de cire et dont on se sert pour moucher

Soie calante: Soie qui a la propriété de rester immergée

Touche: Contact du poisson avec le leurre ou l'insecte attaché à la mouche

Table des matières

Achevé d'imprimer sur les presses de
L'IMPRIMERIE ELECTRA *
pour
LES EDITIONS DE L'HOMME LTÉE

* Division du groupe Sogides Ltée

Ouvrages parus
chez les Éditeurs du groupe Sogides

Ouvrages parus aux
ÉDITIONS
DE L'HOMME

ART CULINAIRE

Art d'apprêter les restes (L'),
S. Lapointe, **4.00**
Art de la table (L'), M. du Coffre, **$5.00**
Art de vivre en bonne santé (L'),
Dr W. Leblond, **3.00**
Boîte à lunch (La), L. Lagacé, **4.00**
101 omelettes, M. Claude, **3.00**
Cocktails de Jacques Normand (Les),
J. Normand, **4.00**
Congélation (La), S. Lapointe, **4.00**
Conserves (Les), Soeur Berthe, **5.00**
Cuisine chinoise (La), L. Gervais, **4.00**
Cuisine de maman Lapointe (La),
S. Lapointe, **3.00**
Cuisine de Pol Martin (La), Pol Martin, **4.00**
Cuisine des 4 saisons (La),
Mme Hélène Durand-LaRoche, **4.00**
Cuisine en plein air, H. Doucet, **3.00**
Cuisine française pour Canadiens,
R. Montigny, **4.00**
Cuisine italienne (La), Di Tomasso, **3.00**
Diététique dans la vie quotidienne,
L. Lagacé, **4.00**
En cuisinant de 5 à 6, J. Huot, **3.00**
Fondues et flambées de maman Lapointe,
S. Lapointe, **4.00**
Fruits (Les), J. Goode, **5.00**

Grande Cuisine au Pernod (La),
S. Lapointe, **3.00**
Hors-d'oeuvre, salades et buffets froids,
L. Dubois, **3.00**
Légumes (Les), J. Goode, **5.00**
Madame reçoit, H.D. LaRoche, **4.00**
Mangez bien et rajeunissez, R. Barbeau, **3.00**
Poissons et fruits de mer,
Soeur Berthe, **4.00**
Recettes à la bière des grandes cuisines
Molson, M.L. Beaulieu, **4.00**
Recettes au "blender", J. Huot, **4.00**
Recettes de gibier, S. Lapointe, **4.00**
Recettes de Juliette (Les), J. Huot, **4.00**
Recettes de maman Lapointe,
S. Lapointe, **3.00**
Régimes pour maigrir, M.J. Beaudoin, **4.00**
Tous les secrets de l'alimentation,
M.J. Beaudoin, **2.50**
Vin (Le), P. Petel, **3.00**
Vins, cocktails et spiritueux,
G. Cloutier, **3.00**
Vos vedettes et leurs recettes,
G. Dufour et G. Poirier, **3.00**
Y'a du soleil dans votre assiette,
Georget-Berval-Gignac, **3.00**

DOCUMENTS, BIOGRAPHIE

Architecture traditionnelle au Québec (L'),
Y. Laframboise, **10.00**
Art traditionnel au Québec (L'),
Lessard et Marquis, **10.00**
Artisanat québécois 1. Les bois et les
textiles, C. Simard, **12.00**

Artisanat québécois 2. Les arts du feu,
C. Simard, **12.00**
Acadiens (Les), E. Leblanc, **2.00**
Bien-pensants (Les), P. Berton, **2.50**
Ce combat qui n'en finit plus,
A. Stanké,-J.L. Morgan, **3.00**

Charlebois, qui es-tu?, B. L'Herbier, 3.00

Comité (Le), M. et P. Thyraud de Vosjoli, 8.00

Des hommes qui bâtissent le Québec, collaboration, 3.00

Drogues, J. Durocher, 3.00

Epaves du Saint-Laurent (Les), J. Lafrance, 3.00

Ermite (L'), L. Rampa, 4.00

Fabuleux Onassis (Le), C. Cafarakis, 4.00

Félix Leclerc, J.P. Sylvain, 2.50

Filière canadienne (La), J.-P. Charbonneau, 12.95

Francois Mauriac, F. Seguin, 1.00

Greffes du coeur (Les), collaboration, 2.00

Han Suyin, F. Seguin, 1.00

Hippies (Les), Time-coll., 3.00

Imprévisible M. Houde (L'), C. Renaud, 2.00

Insolences du Frère Untel, F. Untel, 2.00

J'aime encore mieux le jus de betteraves, A. Stanké, 2.50

Jean Rostand, F. Seguin, 1.00

Juliette Béliveau, D. Martineau, 3.00

Lamia, P.T. de Vosjoli, 5.00

Louis Aragon, F. Seguin, 1.00

Magadan, M. Solomon, 7.00

Maison traditionnelle au Québec (La), M. Lessard, G. Vilandré, 10.00

Maitresse (La), James et Kedgley, 4.00

Mammifères de mon pays, Duchesnay-Dumais, 3.00

Masques et visages du spiritualisme contemporain, J. Evola, 5.00

Michel Simon, F. Seguin, 1.00

Michèle Richard raconte Michèle Richard, M. Richard, 2.50

Mon calvaire roumain, M. Solomon, 8.00

Mozart, raconté en 50 chefs-d'oeuvre, P. Roussel, 5.00

Nationalisation de l'électricité (La), P. Sauriol, 1.00

Napoléon vu par Guillemin, H. Guillemin, 2.50

Objets familiers de nos ancêtres, L. Vermette, N. Genêt, L. Décarie-Audet, 6.00

On veut savoir, (4 t.), L. Trépanier, 1.00 ch.

Option Québec, R. Lévesque, 2.00

Pour entretenir la flamme, L. Rampa, 4.00

Pour une radio civilisée, G. Proulx, 2.00

Prague, l'été des tanks, collaboration, 3.00

Premiers sur la lune, Armstrong-Aldrin-Collins, 6.00

Prisonniers à l'Oflag 79, P. Vallée, 1.00

Prostitution à Montréal (La), T. Limoges, 1.50

Provencher, le dernier des coureurs des bois, P. Provencher, 6.00

Québec 1800, W.H. Bartlett, 15.00

Rage des goof-balls (La), A. Stanké, M.J. Beaudoin, 1.00

Rescapée de l'enfer nazi, R. Charrier, 1.50

Révolte contre le monde moderne, J. Evola, 6.00

Riopelle, G. Robert, 3.50

Struma (Le), M. Solomon, 7.00

Terrorisme québécois (Le), Dr G. Morf, 3.00

Ti-blanc, mouton noir, R. Laplante, 2.00

Treizième chandelle (La), L. Rampa, 4.00

Trois vies de Pearson (Les), Poliquin-Beal, 3.00

Trudeau, le paradoxe, A. Westell, 5.00

Un peuple oui, une peuplade jamais! J. Lévesque, 3.00

Un Yankee au Canada, A. Thério, 1.00

Une culture appelée québécoise, G. Turi, 2.00

Vizzini, S. Vizzini, 5.00

Vrai visage de Duplessis (Le), P. Laporte, 2.00

ENCYCLOPEDIES

Encyclopédie de la maison québécoise, Lessard et Marquis, 8.00

Encyclopédie des antiquités du Québec, Lessard et Marquis, 7.00

Encyclopédie des oiseaux du Québec, W. Earl Godfrey, 8.00

Encyclopédie du jardinier horticulteur, W.H. Perron, 8.00

Encyclopédie du Québec, Vol. I et Vol. II, L. Landry, 6.00 ch.

ESTHETIQUE ET VIE MODERNE

Cellulite (La), Dr G.J. Léonard, 4.00
Chirurgie plastique et esthétique (La),
  Dr A. Genest, 2.00
Embellissez votre corps, J. Ghedin, 2.00
Embellissez votre visage, J. Ghedin, 1.50
Etiquette du mariage, Fortin-Jacques,
  Farley, 4.00
Exercices pour rester jeune, T. Sekely, 3.00
Exercices pour toi et moi,
  J. Dussault-Corbeil, 5.00
Face-lifting par l'exercice (Le),
  S.M. Rungé, 4.00
Femme après 30 ans (La), N. Germain, 3.00

Femme émancipée (La), N. Germain et
  L. Desjardins, 2.00
Leçons de beauté, E. Serei, 2.50
Médecine esthétique (La),
  Dr G. Lanctôt, 5.00
Savoir se maquiller, J. Ghedin, 1.50
Savoir-vivre, N. Germain, 2.50
Savoir-vivre d'aujourd'hui (Le),
  M.F. Jacques, 3.00
Sein (Le), collaboration, 2.50
Soignez votre personnalité, messieurs,
  E. Serei, 2.00
Vos cheveux, J. Ghedin, 2.50
Vos dents, Archambault-Déom, 2.00

LINGUISTIQUE

Améliorez votre français, J. Laurin, 4.00
Anglais par la méthode choc (L'),
  J.L. Morgan, 3.00
Corrigeons nos anglicismes, J. Laurin, 4.00
Dictionnaire en 5 langues, L. Stanké, 2.00

Petit dictionnaire du joual au français,
  A. Turenne, 3.00
Savoir parler, R.S. Catta, 2.00
Verbes (Les), J. Laurin, 4.00

LITTERATURE

Amour, police et morgue, J.M. Laporte, 1.00
Bigaouette, R. Lévesque, 2.00
Bousille et les justes, G. Gélinas, 3.00
Berger (Les), M. Cabay-Marin, Ed. TM, 5.00
Candy, Southern & Hoffenberg, 3.00
Cent pas dans ma tête (Les), P. Dudan, 2.50
Commettants de Caridad (Les),
  Y. Thériault, 2.00
Des bois, des champs, des bêtes,
  J.C. Harvey, 2.00
Ecrits de la Taverne Royal, collaboration, 1.00
Exodus U.K., R. Rohmer, 8.00
Exxoneration, R. Rohmer, 7.00
Homme qui va (L'), J.C. Harvey, 2.00
J'parle tout seul quand j'en narrache,
  E. Coderre, 3.00
Malheur a pas des bons yeux (Le),
  R. Lévesque, 2.00
Marche ou crève Carignan, R. Hollier, 2.00
Mauvais bergers (Les), A.E. Caron, 1.00

Mes anges sont des diables,
  J. de Roussan, 1.00
Mon 29e meurtre, Joey, 8.00
Montréalités, A. Stanké, 1.50
Mort attendra (La), A. Malavoy, 1.00
Mort d'eau (La), Y. Thériault, 2.00
Ni queue, ni tête, M.C. Brault, 1.00
Pays voilés, existences, M.C. Blais, 1.50
Pomme de pin, L.P. Dlamini, 2.00
Printemps qui pleure (Le), A. Thério, 1.00
Propos du timide (Les), A. Brie, 1.00
Séjour à Moscou, Y. Thériault, 2.00
Tit-Coq, G. Gélinas, 4.00
Toges, bistouris, matraques et soutanes,
  collaboration, 1.00
Ultimatum, R. Rohmer, 6.00
Un simple soldat, M. Dubé, 4.00
Valérie, Y. Thériault, 2.00
Vertige du dégoût (Le), E.P. Morin, 1.00

LIVRES PRATIQUES – LOISIRS

Aérobix, Dr P. Gravel, 3.00
Alimentation pour futures mamans,
  T. Sekely et R. Gougeon, 4.00

Améliorons notre bridge, C. Durand, 6.00
Apprenez la photographie avec Antoine
  Desilets, A. Desilets, 5.00

Arbres, les arbustes, les haies (Les),
P. Pouliot, 7.00
Armes de chasse (Les), Y. Jarrettie, 3.00
Astrologie et l'amour (L'), T. King, 6.00
Bougies (Les), W. Schutz, 4.00
Bricolage (Le), J.M. Doré, 4.00
Bricolage au féminin (Le), J.-M. Doré, 3.00
Bridge (Le), V. Beaulieu, 4.00
Camping et caravaning, J. Vic et
R. Savoie, 2.50
Caractères par l'interprétation des visages,
(Les), L. Stanké, 4.00
Ciné-guide, A. Lafrance, 3.95
Chaînes stéréophoniques (Les),
G. Poirier, 6.00
Cinquante et une chansons à répondre,
P. Daigneault, 3.00
Comment amuser nos enfants,
L. Stanké, 4.00
Comment tirer le maximum d'une mini-
calculatrice, H. Mullish, 4.00
Conseils à ceux qui veulent bâtir,
A. Poulin, 2.00
Conseils aux inventeurs, R.A. Robic, 3.00
Couture et tricot, M.H. Berthouin, 2.00
Dictionnaire des mots croisés,
noms propres, collaboration, 6.00
Dictionnaire des mots croisés,
noms communs, P. Lasnier, 5.00
Fins de partie aux dames,
H. Tranquille, G. Lefebvre, 4.00
Fléché (Le), L. Lavigne et F. Bourret, 4.00
Fourrure (La), C. Labelle, 4.00
Guide complet de la couture (Le),
L. Chartier, 4.00
Guide de la secrétaire, M. G. Simpson, 6.00
Hatha-yoga pour tous, S. Piuze, 4.00
8/Super 8/16, A. Lafrance, 5.00
Hypnotisme (L'), J. Manolesco, 3.00
Information Voyage, R. Viau et J. Daunais,
Ed. TM, 6.00
Interprétez vos rêves, L. Stanké, 4.00

J'installe mon équipement stéréo, T. I et II,
J.M. Doré, 3.00 ch.
Jardinage (Le), P. Pouliot, 4.00
Je décore avec des fleurs, M. Bassili, 4.00
Je développe mes photos, A. Desilets, 6.00
Je prends des photos, A. Desilets, 6.00
Jeux de cartes, G. F. Hervey, 10.00
Jeux de société, L. Stanké, 3.00
Lignes de la main (Les), L. Stanké, 4.00
Magie et tours de passe-passe,
I. Adair, 4.00
Massage (Le), B. Scott, 4.00
Météo (La), A. Ouellet, 3.00
Nature et l'artisanat (La), P. Roy, 4.00
Noeuds (Les), G.R. Shaw, 4.00
Origami I, R. Harbin, 3.00
Origami II, R. Harbin, 3.00
Ouverture aux échecs (L'), C. Coudari, 4.00
Parties courtes aux échecs,
H. Tranquille, 5.00
Petit manuel de la femme au travail,
L. Cardinal, 4.00
Photo-guide, A. Desilets, 3.95
Plantes d'intérieur (Les), P. Pouliot, 7.00
Poids et mesures, calcul rapide,
L. Stanké, 3.00
Tapisserie (La), T.-M. Perrier,
N.-B. Langlois, 5.00
Taxidermie (La), J. Labrie, 4.00
Technique de la photo, A. Desilets, 6.00
Techniques du jardinage (Les),
P. Pouliot, 6.00
Tenir maison, F.G. Smet, 3.00
Tricot (Le), F. Vandelac, 4.00
Vive la compagnie, P. Daigneault, 3.00
Vivre, c'est vendre, J.M. Chaput, 4.00
Voir clair aux dames, H. Tranquille, 3.00
Voir clair aux échecs, H. Tranquille et
G. Lefebvre, 4.00
Votre avenir par les cartes, L. Stanké, 4.00
Votre discothèque, P. Roussel, 4.00
Votre pelouse, P. Pouliot, 5.00

LE MONDE DES AFFAIRES ET LA LOI

ABC du marketing (L'), A. Dahamni, 3.00
Bourse (La), A. Lambert, 3.00
Budget (Le), collaboration, 4.00
Ce qu'en pense le notaire, Me A. Senay, 2.00
Connaissez-vous la loi? R. Millet, 3.00
Dactylographie (La), W. Lebel, 2.00
Dictionnaire de la loi (Le), R. Millet, 2.50
Dictionnaire des affaires (Le), W. Lebel, 3.00
Dictionnaire économique et financier,
E. Lafond, 4.00

Divorce (Le), M. Champagne et Léger, 3.00
Guide de la finance (Le), B. Pharand, 2.50
Initiation au système métrique,
L. Stanké, 5.00
Loi et vos droits (La),
Me P.A. Marchand, 5.00
Savoir organiser, savoir décider,
G. Lefebvre, 4.00
Secrétaire (Le/La) bilingue, W. Lebel, 2.50

PATOF

Cuisinons avec Patof, J. Desrosiers, 1.29

Patof raconte, J. Desrosiers, 0.89
Patofun, J. Desrosiers, 0.89

SANTE, PSYCHOLOGIE, EDUCATION

Activité émotionnelle (L'), P. Fletcher, 3.00
Allergies (Les), Dr P. Delorme, 4.00
Apprenez à connaître vos médicaments,
R. Poitevin, 3.00
Caractères et tempéraments,
C.-G. Sarrazin, 3.00
Comment animer un groupe,
collaboration, 4.00
Comment nourrir son enfant,
L. Lambert-Lagacé, 4.00
Comment vaincre la gêne et la timidité,
R.S. Catta, 3.00
Communication et épanouissement
personnel, L. Auger, 4.00
Complexes et psychanalyse.
P. Valinieff, 4.00
Contact, L. et N. Zunin, 6.00
Contraception (La), Dr L. Gendron, 3.00
Cours de psychologie populaire,
F. Cantin, 4.00
Dépression nerveuse (La), collaboration, 4.00
Développez votre personnalité,
vous réussirez, S. Brind'Amour, 3.00
Douze premiers mois de mon enfant (Les),
F. Caplan, 10.00
Dynamique des groupes,
Aubry-Saint-Arnaud, 3.00
En attendant mon enfant,
Y.P. Marchessault, 4.00
Femme enceinte (La), Dr R. Bradley, 4.00
Guérir sans risques, Dr E. Plisnier, 3.00
Guide des premiers soins, Dr J. Hartley, 4.00

Guide médical de mon médecin de famille,
Dr M. Lauzon, 3.00
Langage de votre enfant (Le),
C. Langevin, 3.00
Maladies psychosomatiques (Les),
Dr R. Foisy, 3.00
Maman et son nouveau-né (La),
T. Sekely, 3.00
Mathématiques modernes pour tous,
G. Bourbonnais, 4.00
Méditation transcendantale (La),
J. Forem, 6.00
Mieux vivre avec son enfant, D. Calvet, 4.00
Parents face à l'année scolaire (Les),
collaboration, 2.00
Personne humaine (La), Y. Saint-Arnaud, 4.00
Pour bébé, le sein ou le biberon,
Y. Pratte-Marchessault, 4.00
Pour vous future maman, T. Sekely, 3.00
15/20 ans, F. Tournier et P. Vincent, 4.00
Relaxation sensorielle (La), Dr P. Gravel, 3.00
S'aider soi-même, L. Auger, 4.00
Soignez-vous par le vin, Dr E. A. Maury, 4.00
Volonté (La), l'attention, la mémoire,
R. Tocquet, 4.00
Vos mains, miroir de la personnalité,
P. Maby, 3.00
Votre personnalité, votre caractère,
Y. Benoist-Morin, 3.00
Yoga, corps et pensée, B. Leclerq, 3.00
Yoga, santé totale pour tous,
G. Lescouflar, 3.00

SEXOLOGIE

Adolescent veut savoir (L'),
Dr L. Gendron, 3.00
Adolescente veut savoir (L'),
Dr L. Gendron, 3.00
Amour après 50 ans (L'), Dr L. Gendron, 3.00
Couple sensuel (Le), Dr L. Gendron, 3.00
Déviations sexuelles (Les), Dr Y. Léger, 4.00
Femme et le sexe (La), Dr L. Gendron, 3.00
Helga, E. Bender, 6.00
Homme et l'art érotique (L'),
Dr L. Gendron, 3.00
Madame est servie, Dr L. Gendron, 2.00

Maladies transmises par relations
sexuelles, Dr L. Gendron, 2.00
Mariée veut savoir (La), Dr L. Gendron, 3.00
Ménopause (La), Dr L. Gendron, 3.00
Merveilleuse histoire de la naissance (La),
Dr L. Gendron, 4.50
Qu'est-ce qu'un homme, Dr L. Gendron, 3.00
Qu'est-ce qu'une femme, Dr L. Gendron, 4.00
Quel est votre quotient psycho-sexuel?
Dr L. Gendron, 3.00
Sexualité (La), Dr L. Gendron, 3.00
Teach-in sur la sexualité,
Université de Montréal, 2.50
Yoga sexe, Dr L. Gendron et S. Piuze, 4.00

SPORTS (collection dirigée par Louis Arpin)

ABC du hockey (L'), H. Meeker, 4.00
Aikido, au-delà de l'agressivité,
M. Di Villadorata, 4.00
Bicyclette (La), J. Blish, 4.00

Comment se sortir du trou au golf,
Brien et Barrette, 4.00
Courses de chevaux (Les), Y. Leclerc, 3.00

Devant le filet, J. Plante, **4.00**
   D. Brodeur, **4.00**
Entraînement par les poids et haltères,
   F. Ryan, **3.00**
Expos, cinq ans après,
   D. Brodeur, J.-P. Sarrault, **3.00**
Football (Le), collaboration, **2.50**
Football professionnel, J. Séguin, **3.00**
Guide de l'auto (Le) (1967), J. Duval, **2.00**
   (1968-69-70-71), 3.00 chacun
Guy Lafleur, Y. Pedneault et D. Brodeur, **4.00**
Guide du judo, au sol (Le), L. Arpin, **4.00**
Guide du judo, debout (Le), L. Arpin, **4.00**
Guide du self-defense (Le), L. Arpin, **4.00**
Guide du trappeur,
   P. Provencher, **4.00**
Initiation à la plongée sous-marine,
   R. Goblot, **5.00**
J'apprends à nager, R. Lacoursière, **4.00**
Jocelyne Bourassa,
   J. Barrette et D. Brodeur, **3.00**
Jogging (Le), R. Chevalier, **5.00**
Karaté (Le), Y. Nanbu, **4.00**
Kung-fu, R. Lesourd, **5.00**
Livre des règlements, LNH, **1.50**
Lutte olympique (La), M. Sauvé, **4.00**
Match du siècle: Canada-URSS,
   D. Brodeur, G. Terroux, **3.00**
Mon coup de patin, le secret du hockey,
   J. Wild, **3.00**
Moto (La), Duhamel et Balsam, **4.00**

Natation (La), M. Mann, **2.50**
Natation de compétition (La),
   R. Lacoursière, **3.00**
Parachutisme (Le), C. Bédard, **5.00**
Pêche au Québec (La), M. Chamberland, **5.00**
Petit guide des Jeux olympiques,
   J. About, M. Duplat, **2.00**
Puissance au centre, Jean Béliveau,
   H. Hood, **3.00**
Raquette (La), Osgood et Hurley, **4.00**
Ski (Le), W. Schaffler-E. Bowen, **3.00**
Ski de fond (Le), J. Caldwell, **4.00**
Soccer, G. Schwartz, **3.50**
Stratégie au hockey (La), J.W. Meagher, **3.00**
Surhommes du sport, M. Desjardins, **3.00**
Techniques du golf,
   L. Brien et J. Barrette, **4.00**
Techniques du tennis, Ellwanger, **4.00**
Tennis (Le), W.F. Talbert, **3.00**
Tous les secrets de la chasse,
   M. Chamberland, **3.00**
Tous les secrets de la pêche,
   M. Chamberland, **3.00**
36-24-36, A. Coutu, **3.00**
Troisième retrait (Le), C. Raymond,
   M. Gaudette, **3.00**
Vivre en forêt, P. Provencher, **4.00**
Vivre en plein air, P. Gingras, **4.00**
Voie du guerrier (La), M. di Villadorata, **4.00**
Voile (La), Nik Kebedgy, **5.00**

Ouvrages parus à
L'ACTUELLE
JEUNESSE

Echec au réseau meurtrier, R. White, **1.00**
Engrenage (L'), C. Numainville, **1.00**
Feuilles de thym et fleurs d'amour,
   M. Jacob, **1.00**
Lady Sylvana, L. Morin, **1.00**
Moi ou la planète, C. Montpetit, **1.00**

Porte sur l'enfer, M. Vézina, **1.00**
Silences de la croix du Sud (Les),
   D. Pilon, **1.00**
Terreur bleue (La), L. Gingras, **1.00**
Trou (Le), S. Chapdelaine, **1.00**
Une chance sur trois, S. Beauchamp, **1.00**
22,222 milles à l'heure, G. Gagnon, **1.00**

Ouvrages parus à
L'ACTUELLE

Aaron, Y. Thériault, **3.00**

Agaguk, Y. Thériault, **4.00**